GUÍA DEL ALUMNO

LA HISTORIA

LLEGANDO AL CORAZÓN DE LA HISTORIA DE DIOS

CURRÍCULO PARA ADULTOS
31 SESIONES

RANDY FRAZEE

CON KEVIN Y SHERRY HARNEY

LA HISTORIA CURRÍCULO PARA ADULTOS—GUÍA DEL ALUMNO
Edición publicada por
Editorial Vida – 2011
Miami, Florida

Copyright © 2011 por Randy Frazee

Originally published in the USA under the title:
   The Story Adult Curriculum Participant's Guide
   Copyright © 2011 by Randy Frazee
Published by permission of Zondervan, Grand Rapids, Michigan.
All rights reserved
Further reproduction or distribution is prohibited.

Traducción: *Jorge R. Arias*
Edición: *Madeline Díaz*
Diseño Interior: *A&W Publishing Electronic Services, Inc.*

RESERVADOS TODOS LOS DERECHOS. A MENOS QUE SE INDIQUE LO CONTRARIO, EL TEXTO BÍBLICO SE TOMÓ DE LA SANTA BIBLIA NUEVA VERSIÓN INTERNACIONAL. © 1999 POR BÍBLICA INTERNACIONAL.

ISBN: 978-08297-5895-5

CATEGORÍA: Educación cristiana / Adultos

IMPRESO EN LOS ESTADOS UNIDOS DE AMÉRICA
PRINTED IN THE UNITED STATES OF AMERICA

11 12 13 14 15 ❖ 7 6 5 4 3 2 1

Contenido

Una palabra de los autores

A MEDIDA QUE AVANCEMOS EN *LA HISTORIA* EN LOS DÍAS Y SEMANAS siguientes, comprenderemos que el cielo y la tierra están entretejidos más estrechamente de lo que jamás hubiéramos soñado. A lo largo de toda la historia bíblica vemos desplegarse dos dramas bellos y paralelos.

Por un lado tenemos la **Historia Primaria**: Dios es real, está presente y trabajando a nuestro favor. El cielo irrumpe en el mundo más de lo que reconocemos y la historia del amor de Dios, que busca una gracia perpetua y ansía una relación con la gente común y corriente, es impresionante.

Luego está la **Historia Secundaria**. Vivimos en la tierra, cometemos errores, huimos de Dios y rechazamos sus proposiciones de amor. En ocasiones estamos tan sumidos en la Historia Secundaria que fallamos en reconocer la presencia de Dios en nuestro mundo. Nos olvidamos de que el Dios celestial anhela tener una relación creciente y amistosa con nosotros.

En el comienzo de *La Historia*, Dios caminó con sus primeros hijos en un jardín hermoso… y manteniendo una relación armoniosa. Al final de *La Historia* él caminará de nuevo junto a nosotros sobre calles de oro.

La pregunta es: ¿qué sucederá en las páginas intermedias? En tanto avanzamos a través de *La Historia*, podremos advertir cómo la Historia Primaria se enlaza con la Historia Secundaria. A lo largo de la historia Dios ha encontrado, amado, buscado, disciplinado y redimido a sus hijos.

Dios está más cerca de lo que pensamos.

Lo mejor de todo es que podemos caminar muy cerca de él en cada situación de nuestra vida. Dios está cerca y nos ama. A medida que conocemos cuán íntimamente encajan la Historia Primaria y la Historia Secundaria, aprendemos a experimentar el amor y la gracia de Dios en nuestro diario caminar. Nunca caminaremos solos.

Dios desea estar con nosotros, contigo y conmigo. Este es el estribillo que resuena con la verdad a lo largo de *La Historia*. Y mientras lees cada capítulo tal cosa resultará más evidente y personal. En este viaje creceremos juntos y descubriremos que el mundo es un lugar más pequeño de lo que creíamos.

La historia de Dios y nuestra propia historia son en realidad una y la misma.

El corazón de La Historia y nuestra historia

ANTES DEL SURGIMIENTO DE LA IMPRENTA EN EL SIGLO DIECISÉIS, LAS HIS-
torias eran transmitidas oralmente. Las personas mayores de la comunidad
narraban las anécdotas más importantes de su historia con todos los principios y valores de la vida entretejidos en cada uno de sus apasionantes relatos.
Ellos compartían estas historias entre sí y se las contaban a las nuevas generaciones. Tal cosa formaba parte de su cultura… de sus vidas.

Durante los últimos siglos, mucha de nuestra comunicación ha sido puesta por escrito. Con el advenimiento de la imprenta y los libros, una gran parte
de nuestro aprendizaje y nuestra narrativa oral terminó transformándose en
una persona sentada a solas con un libro abierto en su regazo.

En nuestros días modernos, con el explosivo incremento tecnológico (te-
levisión, películas, YouTube y otras herramientas de comunicación visual), el
mundo está regresando a las fotografías y las historias. Una vez más estamos
convirtiéndonos en una cultura oral basada en la narración. En realidad, mucha gente aprende mejor al escuchar y contar historias.

Con esto en mente, estamos procurando reproducir esta antigua y a la vez
moderna forma de comunicación oral y entretejerla en tu experiencia de *La Historia*. Para conseguirlo hemos hecho uso de cinco íconos que te serán de ayuda
mientras escuchas o narras la historia. Estas sencillas figuras establecerán una
imagen en tu mente que te ayudará a memorizar cada parte de la historia de
Dios. También te serán de utilidad mientras narras tu historia. He aquí las imágenes y la porción, o parte de *La Historia*, que las mismas representan:

FIGURA	PORCIÓN DE LA HISTORIA	PASAJE DE LA BIBLIA
	La Historia del *jardín*	Génesis 1—11
	La Historia de *Israel*	Génesis 12—Malaquías
	La Historia de *Jesús*	Mateo—Juan (Evangelios)
	La Historia de la *iglesia*	Hechos—Judas
	La Historia del *nuevo jardín*	Apocalipsis

Durante nuestras treinta y una semanas de viaje a través de *La Historia*, la pregunta final en cada discusión contenida en los DVD se enfocará en una o más de estas cinco secciones según son identificadas por el ícono o los íconos respectivos. Cada una recoge la Historia Primaria del trabajo de Dios a la vez que apunta a su deseo de encontrarnos en la Historia Secundaria. Cada sesión con tu grupo pequeño proporcionará un tiempo breve para que el grupo aumente su comprensión de la historia de Dios a la vez que te ayudará a articular tal historia y la de tu propio viaje de fe. Por favor, no omitas esta importante parte del estudio.

Oramos que cada persona que transite a través de las treinta y una sesiones de *El corazón de la Historia*, sea capaz de lograr tres cosas:

1. Identificar las cinco secciones arriba listadas y la forma en que estas contribuyen a moldear *La Historia*.

2. Hacer una declaración breve que concentre la esencia de cada una de las cinco secciones de *La Historia* (que se encuentran más abajo).

3. Enlazar los temas de la historia de Dios con su historia personal. Esto te proporcionará la libertad de relatar tu propia historia de fe de forma tal que se entrelace con la historia de Dios.

Aquí presentamos las cinco secciones de *La Historia*. En la medida en que te familiarices con ellas y reflexiones sobre cómo se relacionan con la historia de Dios, las mismas te ayudarán a narrar tu propia historia de fe:

 ### Sección 1: La historia en el *jardín* (Génesis 1—11)

En la Historia Primaria, Dios crea la Historia Secundaria. Su visión es descender y estar con nosotros en un hermoso jardín. Los dos primeros seres humanos rechazan la visión divina y son escoltados fuera del paraíso. La decisión de ambos acarrea el pecado para toda la raza humana e impide la comunión con Dios. En ese instante, Dios hace una promesa y pone en marcha un plan para traernos de regreso. El resto de la Biblia es la historia de cómo Dios mantiene esa promesa y hace posible que establezcamos una relación amorosa con él.

 ### Sección 2: La historia de *Israel* (Génesis 12—Malaquías)

Dios edifica una nueva nación llamada Israel. Por medio de ella revelará su presencia, su poder y su plan para traernos de regreso. Cada una de las

historias de Israel apuntará a la primera venida de Jesús, aquel que proveería el camino de retorno a Dios.

 SECCIÓN 3: La historia de *Jesús* (Mateo—Juan)

Jesús permitió que la Historia Primaria descendiera a nuestra Historia Secundaria para así morar entre nosotros y proporcionarnos una vía a fin de ser hallados justos delante Dios. Por medio de la fe en la obra de Cristo en la cruz podemos anular la decisión de Adán y tener una relación personal con Dios.

 SECCIÓN 4: La historia de la *iglesia* (Hechos—Judas)

Todo aquel que establece una relación con Dios por medio de la fe en Cristo pertenece a la nueva comunidad que Dios está construyendo y que se llama la iglesia. A esta se le ha comisionado ser la representante de Cristo en la Historia Secundaria, testificando sobre su vida por medio de la forma en que vivimos y las palabras que hablamos. Cada relato de la iglesia encamina a la gente a la segunda venida de Cristo, al tiempo cuando él regresará para restaurar la visión original de Dios.

SECCIÓN 5: La historia del *nuevo jardín* (Apocalipsis)

Dios creará un día una nueva tierra y un nuevo jardín, y una vez más descenderá para habitar entre nosotros. Todos aquellos que depositen su fe en Cristo en esta vida serán residentes eternos en la vida venidera.

Que este viaje a través de *La Historia* te inspire a testificar abiertamente acerca de la historia de Dios, ya que él desea hacer de su historia, tu historia.

Como una nota

Las citas intercaladas a través de esta guía del alumno son extractos de *La Historia, plan de estudios para adultos* en DVD; *La Historia* y materiales desarrollados por los autores en la redacción de este plan de estudios.

La creación:
El principio de la vida tal y como la conocemos

Las personas constituyen el pináculo de la obra creadora de Dios y él busca incesantemente establecer una relación con cada uno de nosotros.

Introducción

Hay ocasiones en la vida en que simplemente necesitamos retornar a lo más básico. A lo fundamental, a lo esencial.

Se cuenta la anécdota del legendario entrenador de los Packers de Green Bay, Vince Lombardi, quien al iniciarse la temporada de juego del fútbol americano solía sostener en sus manos un balón y decir con lenta claridad: «Caballeros, esto es fútbol». De igual forma, y con el propósito de ayudar a que los jugadores de su equipo de básquetbol se enfocaran en lo esencial, el extraordinario entrenador de la UCLA, John Wooden, iniciaba cada temporada de juego enseñándoles a sus pupilos cómo ponerse correctamente los calcetines y atarse los zapatos. Él consideraba que había una forma correcta de realizar estas simples tareas y que tales actos repercutían en el resto del juego.

Tanto Lombardi como Wooden fueron muy exitosos. La insistencia de ambos en poner «las primeras cosas en primer lugar» condujo a sus respectivos equipos a muchas victorias. Ambos sabían que sin un fundamento sólido los resultados no habrían sido tan gloriosos.

El primer capítulo de *La Historia* es la versión de Dios de «Esto es fútbol» o «Esta es la forma en que debemos ponernos los calcetines y atarnos los zapatos». Estas páginas iniciales proporcionan los bloques de construcción fundamentales. Dios es el Creador e iniciador. Las personas son la corona de su actividad creadora. Su anhelo es mantener una relación con nosotros. Aunque la gente estropeó todo y abrazó al pecado antes que a su Creador, Dios nos ama con tal intensidad que hará lo que sea necesario a fin de tender un puente de retorno para establecer de nuevo una relación con nosotros.

¡Que historia! ¡Que Dios!

Coméntalo

¿Qué lugar de la creación te revela con certeza la gloria de Dios y contribuye a que te sientas más cerca de él?

la creacion del honbre en el
Jardin de eden

11

Notas didácticas del DVD

Conforme observas el segmento en vídeo de la Sesión 1, haz uso del siguiente bosquejo y registra todo aquello que se destaca según tu criterio.

La grandiosa idea de Dios... el tema central de la historia es estar con nosotros

estar siempre con nosotros

El resultado de rechazar la visión de Dios

*la espolsion del honbre del Jardin d'eden
el pecado*

Las perspectivas de la Historia Primaria y Secundaria sobre el conflicto entre Caín y Abel

la enbidia abaricia

El infatigable esfuerzo de Dios por traernos de regreso

la f de noe

Discusión a partir del DVD

1. ¿Qué intenta expresar Dios cuando al mirar lo que ha creado declara que es tanto «bueno» como «muy bueno»?

nosotros

Randy sugiere que al mirarte Dios dice: «Verte a ti es más espléndido que admirar el océano […] o presenciar el atardecer». ¿Cómo te hace sentir su sugerencia?

espesial feliz contento

> ¿Qué puede ser lo más preciado a los ojos de Dios? ¿Será acaso la obra magna de su creación? ¡SOMOS NOSOTROS, LA HUMANIDAD! Analízalo y verás que esa es la verdad.

nosotros sus hijos

2. Génesis 1:26-27 (*La Historia*, p. **2**) declara que hemos sido creados a imagen de Dios. ¿De qué manera eficaz podemos reflejar su imagen?

ser Bueno aserlo vueno po desagradar a Dios

3. Si pudieras dar una caminata con Dios en el idílico jardín del paraíso, de la misma forma en que lo harías con un amigo, ¿qué le preguntarías y por qué?

susetundose a Dios horar gosar de la vida

4. En un día común y corriente, ¿qué te impide dar un paseo con Dios y conversar con él sobre lo que ocupa tu corazón?

los afanes de la vida y ser fiel con Dios

5. Aun cuando Adán y Eva comenzaron caminando en perfecto compañerismo con su Creador, Dios les brindó la prerrogativa de rechazar esa vida perfecta. ¿Qué sugiere esta realidad espiritual en cuanto al peso que tienen las decisiones que hacemos día tras día?

hincluyir a Dios, en nuestra desiciones y depender De Dios

6. Adán y Eva tomaron la decisión de comer del árbol del conocimiento del bien y del mal. Rechazaron el propósito de Dios para sus vidas y declararon que deseaban regir su propio universo y ser su propio dios. ¿En qué medida observas hoy en día su mismo anhelo y proceder pecaminoso reflejado en nuestras vidas y cómo crees que influyen en nuestro diario caminar con Dios?

por no sujetarlos o Dios y la desovediencia

> La gran visión de Dios era caminar con sus hijos; estar en su presencia. Con ese objetivo da origen a la Historia Secundaria, esto le permite descender desde la Historia Primaria y habitar entre nosotros.
> ☞

templo del espíritu santo

7. Si Dios amaba verdaderamente a Adán y Eva, ¿por qué los expulsó del jardín? Randy opina que la alternativa de expulsarlos constituyó en realidad un «acto de gracia». ¿Estás de acuerdo o discrepas con su declaración? ¿Por qué razón?

por desobediente esta bueno -que los naya espulsado porque los ama y los corrijio al aser algo malo

8. ¿Cuales son los métodos para identificar que estamos a punto de involucrarnos en acciones rebeldes y pecaminosas y cómo podemos detenernos antes de cruzar esa línea?

Cundo no obedesemos cundo no escuchamos lo vos de Dios

Cuando escuchamos lo vos De Dios Dependiendo de el o ue desiendo

9. Lee la Sección 1 de La Historia (p. 8 de esta guía del alumno). ¿Cuál es el principal tema que aborda?

Dios quiere que tengamos una Relacion con el como tenemos Relacion con el borar todos los Dias

Oración de clausura

Considera algunas de las siguientes ideas como punto de partida durante el tiempo de oración:

- Pídele a Dios que te ayude a apreciar la belleza de su creación y ser un buen mayordomo y preservador del mundo que ha creado.

- Alaba a Dios por todas aquellas personas que han puesto de manifiesto su gracia, su amor y su presencia para ti.

- Ora por sabiduría y discernimiento para reconocer con presteza las tácticas de Satanás encaminadas a engañarte a ti y las personas que aprecias.

Entre sesiones

Reflexiones personales

Aparta un tiempo durante esta semana para meditar con profundidad en el amor de Dios por la humanidad. ¿Por qué razón persiste en buscarnos a pesar de nuestra actitud rebelde y nuestro rechazo de su persona? ¿Cómo podrías expresarle gratitud por su amorosa búsqueda? ¿Qué harías para celebrar la buena noticia de que Dios te busca a pesar de que no aceptas su voluntad y sus deseos para ti?

Acción personal

Sal a caminar y fíjate en la belleza de lo que Dios ha creado. Mira la complejidad de una hoja o la extensión de los cielos. Agradécele por haber creado este asombroso mundo. Mientras caminas, intenta conversar con Dios como si fueran dos amigos paseando en un jardín. Cuéntale sobre tu vida, tus sentimientos, dichas y temores. Pídele que te ayude a aprender a caminar con él día a día.

Lectura para la próxima sesión

Dedica un tiempo antes de la próxima reunión con tu grupo para leer el capítulo 2 de *La Historia*.

Dios construye una nación

Dios concretará sus planes y su voluntad en este mundo, no obstante, con frecuencia él procede de una forma que no esperamos y a través de gente que nos sorprende.

Introducción

¿Alguna vez has escuchado a alguien decir: «El Señor obra de maneras misteriosas»? Este refrán no aparece en la Biblia, sino al inicio de un himno escrito en el siglo dieciocho por William Cowper. En todo caso, el mismo todavía se canta debido al hecho de que refleja una realidad, el Señor *obra* de maneras misteriosas. La historia bíblica contiene innumerables ocasiones en las que Dios hace uso de individuos sorprendentes:

- ¿Quién hablaría en nombre de Dios? Moisés... un hombre que aborrecía hablar en público.

- ¿Quién lideraría al pueblo de Dios a la victoria militar? Débora... una mujer que no había sido entrenada como guerrera.

- ¿Quién llegaría a ser discípulo de Jesús? Mateo... un recolector de impuestos y tristemente célebre pecador.

- ¿Quién llegaría a escribir la mitad de los libros del Nuevo Testamento? Pablo... un hombre que había destruido iglesias y asesinado a los cristianos.

Con seguridad captas la idea. Se trata únicamente de cuatro ejemplos de una lista mucho más extensa de personas inverosímiles, a las cuales Dios llamó y utilizó. A todo lo largo de las páginas de la historia de Dios leemos acerca de casos en los que él obra a través de la gente más insospechada.

Conforme recorremos la historia de Abram y Saray, comenzamos a aceptar que Dios puede hacer uso de cualquier persona. Y en el momento en que esta verdad penetra en lo más profundo de nuestro ser, nos llenamos de esperanza, ya que comprendemos que Dios es capaz de obrar maravillas a través de cualquiera... incluso de nosotros.

Coméntalo

A medida que leemos *La Historia*, descubrimos que Dios abunda en sorpresas. Pocas veces procede de la forma en que esperaríamos. Narra alguna ocasión en la que Dios haya hecho algo en tu vida, o en la de alguna persona cercana a ti, que resultó ser por completo inesperado y sorpresivo.

Notas didácticas del DVD

Conforme observas el segmento en vídeo de la Sesión 2, haz uso del siguiente bosquejo y registra todo aquello que se destaca según tu criterio.

Dios tiene un plan para traer a su pueblo de regreso

Dios escoge a un par de personas inverosímiles... Abraham y Sara conciben un hijo, Isaac

Abraham es sometido a prueba: ¿Le dará lo más preciado a Dios?

La relevancia del Monte Moria en el Antiguo y el Nuevo Testamento

Discusión a partir del DVD

1. Muchas de las personas a las que Dios llamó a seguirlo y realizar grandes obras tenían excusas y razones para considerar que Dios no debía hacer uso de ellas. ¿Cuáles son algunas de las evasivas más comunes que la gente sigue usando hoy en día cuando decide rechazar el liderazgo de Dios en su vida?

2. Cuando Dios llama a Abram a seguirlo, lo hace con un claro sentido de sociedad. Le promete hacer ciertas cosas específicas y a la vez le pide que haga su parte (Génesis 12:1-5; *La Historia*, p. **11**). ¿Cuál fue la parte de Dios y cuál la de Abram en esta grandiosa aventura?

3. ¿Qué enseñanza te deja Hebreos 11:8-9 en cuanto a la fe de Abraham y Sara (un resumen de *La Historia*, pp. **11-17**)?

4. Comenta sobre alguna persona mayor cercana a ti que haya sido un modelo de fe y amor a Dios. ¿De qué forma has visto que su vida impacta la vida de otros y la tuya misma?

> *«Consideras que tus mejor años ya pasaron, que ya perdiste la oportunidad de hacer algo grandioso, algo en verdad significativo. Esa es la forma en que pensamos en la Historia Secundaria. Sin embargo, si encauzamos nuestra vida con Dios y sus actos presentes, algunos de nuestros mejores años aún están por delante».*

5. Dios llamó a Abraham y Sara, y ellos lo siguieron por fe. Relata alguna oportunidad en la que Dios te haya llamado a dar un paso de fe. ¿Cómo respondiste y cuál fue el resultado que ese paso de fe tuvo?

6. Sara consideraba que Dios no avanzaba con suficiente rapidez en todo el «proyecto de edificar una nación». Por lo tanto, tomó la decisión de ayudarlo entregándole a su esclava a Abraham a fin de que concibiera un hijo para ella. Menciona algunos casos que ejemplifiquen cómo, en un intento de «ayudar», nos adelantamos al tiempo de Dios para nosotros.

Comenta sobre alguna ocasión en la que Dios te haya indicado que esperaras, pero aun así insististe en adelantarte. ¿Por qué razón es tan difícil ser paciente y esperar la voluntad de Dios para nuestra vida?

7. Abraham y Sara optaron por seguir a Dios como un acto de fe y confiaron en que él construiría una nación a través de ellos... y así sucedió. ¿Qué paso de fe te está llamando Dios a dar ahora mismo mientras tú continúas en actitud de espera o incluso de resistencia? ¿Qué podrías hacer para dar un paso de plena confianza y avanzar en este aspecto de tu vida?

8. Lee la Sección 2 de *La Historia* (p. **8-9** de esta guía del alumno). ¿Cuál es el tema principal que aborda?

> *Dios se empeña en sorprendernos al hacer uso de los débiles, los abatidos, los marginados, los cuestionados y la gente sencilla y común con el propósito de concretar sus extraordinarios planes en este mundo.*

Oración de clausura

Considera algunas de las siguientes ideas como punto de partida durante el tiempo de oración:

- Pídele fortaleza para dar el siguiente paso de fe al que Dios te está llamando.

- Ruégale a Dios que tu paciencia crezca al punto de permitirte esperar por su voluntad en cada faceta de tu vida.

- Agradécele a Dios por todas aquellas personas mayores que ha puesto a tu alrededor y han constituido un modelo de fe para ti.

Entre sesiones

Reflexiones personales

Dios llama a cada uno de sus hijos en múltiples ocasiones a seguirlo por caminos aventurados y que demandan fe. Observa tu vida y refléjala con honestidad en los siguientes escenarios:

- ¿En qué ocasiones me ha llamado Dios a dar un paso de fe y he perdido la oportunidad de hacerlo? (Confiésaselo a Dios y recibe su gracia para perdonarte).

- ¿En qué ocasiones me ha invitado Dios a dar un audaz salto de fe y seguirlo con confianza? (Agradécele a Dios por conducirte a lo largo de aquellas experiencias).

- Pídele a Dios que te dé una idea de adónde podría estar guiándote en el futuro.

- Comprométete a seguirlo, sin importar lo que los demás puedan decir o pensar.

Acción personal

Abraham tomó aquello que consideraba más preciado y se lo entregó a Dios. No puso límites, ni aun tratándose de su propio hijo. Haz una lista de entre cinco y diez cosas que significan mucho para ti. Ofréceselas a Dios una a una. Si se trata de una persona, entrégale ese ser amado al Señor. Si es un objeto material, hazle saber a Dios que tiene pleno acceso al mismo. Por último, si se trata de un talento o habilidad natural, prométele que lo usarás por completo para él. Toma todo y ofréceselo de regreso y voluntariamente a aquel que te ha concedido todas las cosas que posees.

Lectura para la próxima sesión

Dedica un tiempo antes de la próxima reunión con tu grupo para leer el capítulo 3 de *La Historia*.

José:
De esclavo a alto dignatario del faraón

Todos evitamos de manera natural las situaciones de lucha, dolor y penuria, sin embargo, estos momentos de la vida podrían ser la herramienta que Dios usa para llevar a cabo su voluntad en y por medio de nosotros.

Introducción

Evitar el dolor es algo tan natural como respirar. Constituye un acto reflejo. Si tocas un plato muy caliente, retiras la mano de inmediato sin siquiera pensarlo. Si ves problemas en un camino, tomas una ruta alterna. Es totalmente razonable hacer cuanto esté a nuestro alcance para evitar el dolor y las penurias. No obstante, algunas de las obras más notorias de Dios son realizadas en ciertos momentos de nuestra vida que se semejan más a estar metidos en un horno abrasador que disfrutando del sol en una tarde placentera.

En algunas ocasiones una situación difícil es el escenario ideal para que una persona conozca a Dios y se transforme en un instrumento útil en las manos de su Maestro. Ese fue el caso de Charles Colson, un brillante estratega político y consejero especial para el presidente Richard Nixon en la década de los setenta. Pese a que Colson nunca fue directamente incriminado por ninguno de los delitos relacionados con el caso *Watergate*, decidió declararse culpable y fue encarcelado por haber obstruido la justicia, teniendo que pasar algún tiempo en la prisión por ese motivo.

Aquella dolorosa experiencia llevaría a Colson a buscar el rostro de Dios y rendirle su corazón a Jesucristo. En el momento de mayor hundimiento, Dios comenzó a transformarlo en un hombre nuevo. Desde entonces, Colson ha liderado un extraordinario ministerio conocido como Prison Fellowship [La Confraternidad Carcelaria], fundó el Foro Wilberforce, y ha impactado una incontable cantidad de vidas con sus charlas, escritos y liderazgo dinámico.

Si Charles Colson nunca hubiera sido «atrapado» ni enfrentado el dolor y la angustia, quizá jamás habría encontrado a Jesús. Él puede atestiguar que los momentos más duros y oscuros son en ocasiones los mejores para que Dios conquiste nuestros corazones y moldee nuestra vida.

Coméntalo

Si tienes hermanos o hermanas, comenta el carácter general de la relación que había entre ustedes mientras crecías en casa.

Notas didácticas del DVD

Conforme observas el segmento en vídeo de la Sesión 3, haz uso del siguiente bosquejo y registra todo aquello que se destaca según tu criterio.

Conoce a José: hijo predilecto, soñador, esclavo

el hijo preferido
de Dios Reunion confu familia

Enfrentó falsas acusaciones

le Dio el don de enterpletar sueños
lon bendieron esclavo

Interpretó sueños

el lo venden y lo yeban
u la carcel de puticar
capitan de la guardia del faraon

Una reunión familiar única… Dios dispone todas las cosas para bien

Fue acusado por la esposa
de kererla ubusar

hinterpleto los sueños
del faraon 7 años
de anbruna y fue nonbrado
como el segundo del mundo todo

Discusión a partir del DVD

1. Desde la perspectiva humana (que corresponde a la Historia Secundaria), José estaba en la peor de las situaciones: abandonado por su familia, vendido como esclavo y encarcelado (Génesis 39:20-23; *La Historia*, p. 27). Desde el plano divino (que corresponde a la Historia Primaria), se encontraba en la mejor de las circunstancias. ¿De qué forma puedes ver a Dios obrando en la vida de José y bendiciéndolo a pesar del sufrimiento que enfrentó en aquellos momentos de su existencia?

Dios estuvo con el Dios da la fuersa y la fortalesa para cada persona

2. Podemos leer que «el Señor estuvo con José» en los momentos más oscuros de su vida. ¿De qué forma has experimentado que el Señor ha permanecido contigo en medio de las circunstancias más difíciles de la tuya? ¿Cuáles son las evidencias de que Dios está con nosotros aun en los momentos más amargos?

3. José pasó dos años en la cárcel esperando a que alguien se acordara de él y le enviara ayuda. Cuenta sobre alguna ocasión en la que hayas tenido que esperar durante meses o años una respuesta del Señor. ¿Cómo lograste atravesar ese prolongado tiempo de espera?

Confiando en Dios y serle fiel

> En estos momentos podrías estar encarcelado, literal o figuradamente hablando, sin embargo, si encaminas tu vida con Dios, tu historia aún no acaba.

4. Dios posee la maravillosa virtud de lograr cosas buenas de las situaciones más difíciles de la vida. Comenta sobre alguna ocasión en que te haya sucedido algo triste y doloroso en tu propia Historia Secundaria que posteriormente vieras transformarse en algo maravilloso para la Historia Primaria conforme a los designios del Señor.

no

5. Al final del capítulo 3 de *La Historia*, José se reúne de nuevo con sus hermanos, veintidós años después de que lo vendieran como esclavo. ¿Qué aspectos te impactan de la actitud de José hacia ellos y de la forma en la que lo trataron? ¿Qué enseñanza nos deja esto en cuanto al corazón de José y la profundidad de su fe?

perdono usos en pecos y kisojeurr gede fueron permitidas por Dios

6. José podía haber tomado represalias y vengarse de sus hermanos por todo el mal que le habían ocasionado. En vez de ello, optó por convertirse en su proveedor y extenderles el perdón. ¿Por qué razón resulta tan difícil perdonar a aquellas personas que intencionalmente nos han hecho daño? ¿Qué podemos hacer para conseguirlo pese a lo difícil que es?

poner todo en las manos de Dios

7. Charles Colson podría decir: «Si no hubiera sido atrapado y acabado en la prisión, nunca habría llegado a convertirme en el hombre que soy hoy». José podría haber dicho: «Si mis hermanos no se hubieran vuelto contra mí y la esposa de Potifar no me hubiese acusado falsamente, jamás habría terminado conociendo en la cárcel a los sirvientes del faraón. Quizá nunca hubiera llegado a convertirme en la mano derecha del rey». Describe cuán diferente sería tu vida si nunca te hubieras enfrentado a un tiempo específico de desafíos y zozobras. Completa el enunciado siguiente: Si yo nunca _____, jamás habría _Si yo nunca uviera conosido de Dios jamar podido ablado de la palabra De Dios_

> Si amamos a Dios y vinculamos nuestra vida con los propósitos de su Historia Primaria, todas las experiencias de nuestra existencia, ya se trate de nuestros altibajos emocionales, los momentos en la cumbre de una montaña o en la hondura de un valle, los halagos o las heridas, la aceptación o el rechazo, lo bueno y lo malo, todas las cosas trabajarán en conjunto para que su voluntad sea consumada.

8. Romanos 8:28 declara: «Ahora bien, sabemos que Dios dispone todas las cosas para el bien de quienes lo aman, los que han sido llamados de acuerdo con su propósito». ¿En qué situación particular de tu vida acogiste y experimentaste esta verdad? ¿De qué forma debería orar tu grupo por ti durante el trascurso de la temporada presente?

Cundo paso algo trajico subemos que Dios esta con nosotros

9. Lee la Sección 1 de *La Historia* (p. **8** de esta guía del alumno). ¿Cómo desarrolla Dios su historia en esta primera parte y de qué forma se relaciona con la tuya?

el proposito di el pra traerlos con el amedida que los sometemo y obedesemos a Dios desde un comienso con nosttos

Oración de clausura

Considera algunas de las siguientes ideas como punto de partida durante el tiempo de oración:

- Ora que las familias representadas en tu grupo se mantengan firmes y saludables.

- Agradécele a Dios por aquellos tiempos difíciles que te han ayudado a moldear tu carácter y llevado a estar más cerca de él.

- Ora por aquellos miembros de tu grupo que estén pasando por momentos difíciles. Ruega que reciban el consuelo de Dios y que su obra pueda completarse en sus vidas.

Entre sesiones

Reflexiones personales

Dedica un tiempo a reflexionar sobre tu vida. ¿En qué aspectos de ella ha estado trabajando Dios a fin de moldearte y formarte... incluso en los momentos más difíciles? ¿Hubo algunas enseñanzas que intentara darte y pudiste haber desaprovechado? Ora por visión para percibirlas y el corazón para atesorarlas y aprenderlas. ¿Enfrentas ahora mismo alguna dificultad? Si es el deseo de Dios usa esta experiencia para tu crecimiento, ruega que tengas el valor para aceptarla.

Acción personal

Perdonar es una de las decisiones más difíciles de la vida. Cuando una persona nos ha herido profundamente, es muy difícil perdonarla. Durante la semana próxima, lee Génesis 50:15-21, Mateo 6:9-15 y Mateo 18:21-35. Clama por la fuerza y el valor que necesitas para perdonar a todos aquellos que te hayan causado daño. Medita en el pasaje de Romanos 5:8 y pídele a Dios que te ayude a comprender la profundidad de su gracia de forma tal que seas capaz de extendérsela a otros.

Lectura para la próxima sesión

Dedica un tiempo antes de la próxima reunión con tu grupo para leer el capítulo 4 de *La Historia*.

Liberación

Mucho cuidado con decir: «Yo nunca podría» o «Yo nunca lo haría». Dios podría convocarte a realizar la misma acción que tienes plena seguridad de que jamás podría presentarse como una perspectiva en tu vida.

Introducción

A todo lo largo de *La Historia* encontraremos personajes que consideraban no contar con los requerimientos necesarios para servir a Dios. Sin embargo, una y otra vez, Dios usó a personas sorprendentes con la finalidad de conseguir que el plan contenido en su Historia Primaria descendiera al mundo de nuestra Historia Secundaria.

Eso es algo que aún hace hoy en día.

A los diecisiete años, Joni Eareckson Tada, ignorante de lo que hacía, se zambulló de cabeza en aguas poco profundas. En un instante su vida cambió. Joni quedó cuadrapléjica, jamás podría volver a utilizar sus brazos y piernas. No obstante, a pesar de que en aquel momento ella pudo haber renunciado a la vida y rechazado a Dios, optó por abrirle su corazón con amplitud y entregarse a un camino de servicio apasionado. A través del dolor, la lucha, el sentimiento de insuficiencia y los retos implacables, Joni decidió seguir el llamado de Dios para su vida.

Durante las próximas cuatro décadas, esta mujer de fe aprendió a pintar hermosos cuadros sosteniendo el pincel entre sus dientes, escribió varios libros, fue presentadora de un programa radial, fundó una organización dedicada a las personas con discapacidades, sirvió como asesora en el Comité de Consejería para los Discapacitados del Departamento de Estado de los Estados Unidos, y dictó conferencias alrededor del planeta. Imagina lo que el mundo se habría perdido si Joni hubiera permitido que su «limitación» la inhibiera de obedecer al grandioso llamado de Dios.

Coméntalo

Menciona a alguna persona que conozcas que haya sido capaz de sobreponerse a los obstáculos y conseguido realizar cosas sorprendentes. ¿Qué aspectos de esa persona te llenan de motivación?

yo nunca podria desir nunca

Notas didácticas del DVD

Conforme observas el segmento en vídeo de la Sesión 4, haz uso del siguiente bosquejo y registra todo aquello que se destaca según tu criterio.

Dios tiene todo bajo control, no importa cuáles sean las circunstancias

Dios siempre cumple sus promesas pone siempre un camino difisil de superar para nosotros

Dios elige siempre a la persona indicada: La perspectiva de Dios sobre Moisés

D/a respectiva de Dios es muy Diferente ala de nosotros porque Dios mira el hinterior del hombre y uno mira la aparienca.

El nombre de Dios

yo soy menVia yosoy elque soy el que esiste porsi mixmo elke era elke es y el Ke sera

Dios consumará su plan

La unica forma posible es atraves De la gracia Divina y la probicion milagrosa

Discusión a partir del DVD

1. Comenta sobre alguna ocasión en la que habiendo estado ocupado en los asuntos cotidianos de tu Historia Secundaria, Dios se te haya presentado, se revelara a sí mismo, o te hablara de manera sorpresiva.

sospresiva mente Dios puede poner al alguien ouno persona para que hore por eya Deacuerdo el problema de esa manera hovor poe eya

2. Dios está activamente involucrado en la liberación de su pueblo. Él se muestra dedicado y vigilante (Éxodo 3:1-10; *La Historia*, p. **39**). Observa de forma específica los versículos 7 al 10 y comenta lo que aprendas con respecto a Dios en los siguientes ámbitos:

• ¿Qué ve Dios, escucha y siente?

be la aflicion de su pueblo que esta en ejicto escucha el cramor desu pueblo y sienta la angustria del pueblo

• ¿Qué dijo él que haría?

el desendio para salburlos delas manos delos esjecsios

• ¿Qué llamó a hacer a Moisés?

poa que librara el pueblo de israel

Al parecer, en la Historia Secundaria era faraón el que controlaba al mundo. Sin embargo, ese no era el caso en realidad. El tiempo había llegado para que Dios liberara a Israel y lo pusiera en camino para alcanzar su promesa. Había llegado de nuevo el momento de revelar su nombre, su poder y su plan. Únicamente se requeriría de la persona indicada.

3. ¿Cómo se percibía Moisés a sí mismo y evaluaba sus aptitudes? ¿Cómo lo veía Dios? (Éxodo 4:10-12; *La Historia*, p. **40**). Comenta alguna conversación que hayas tenido con Dios que pudiera haber sonado en alguna medida parecida a la que Moisés sostuvo en este pasaje.

hincapas poco acto inutil Dios beia su devilidad como el mejor canol para aser su obra

4. Mientras que Dios consideraba a Moisés la persona perfecta para enfrentar al farón y llevar su mensaje al líder de Egipto, Moisés se veía a sí mismo como un fugitivo político carente de habilidades comunicativas, que no tenía nada que hacer enfrentando al rey. Da algunos ejemplos de cómo Dios puede vernos de cierta manera mientras que nosotros nos percibimos de forma muy diferente. ¿Cómo podemos incrementar la capacidad de vernos a nosotros mismos desde la perspectiva de Dios?

nosotros los vemos inserbibles temerosos que no lo bumo alograr todo esto es por faltodo confianza en Dios los ve como las personas perfectas pa oser la hobra

> En la Historia Secundaria, Moisés no reunía las calificaciones necesarias para una tarea de tanta trascendencia. Sin embargo, en la Historia Primaria, Dios veía las debilidades de Moisés como el mejor canal para encausar su propio poder. Cuando Israel consiguiera liberarse exitosamente de la opresión egipcia, todos dirigirían su mirada a Dios.

5. Randy sugiere que lo mejor que podemos hacer es decirle que sí a Dios, aunque no nos sintamos del todo competentes para la tarea que enfrentamos. Comenta sobre alguna ocasión en que te hayas atrevido a decir que *sí* a fin de seguir al Señor a pesar de haber experimentado temor. ¿De qué forma se manifestó Dios y te lideró?

sirio cuando Dios los munda oliderar una Reunios o divijir la horacion los hincomendamo a Dios y el proeve las palabras adecuadas

6. Dios siempre ha sido, es y será. Él se proclama a sí mismo como «YO SOY», aquel que posee existencia propia (Éxodo 3:14; *La Historia*, p. **40**). ¿Cómo aceptar la realidad de que ese Dios al cual adoramos, el eterno «YO SOY», es quien nos ayuda a enfrentar los momentos difíciles de un día común y corriente?

poniendo nuestras cargas al señor sabiendo que el loara ino nuestras fuersas

7. ¿En cuál aspecto de tu vida tiendes a enfocarte más en tus limitaciones que en la habilidad de Dios para obrar a través de ti? ¿Cómo pueden orar y motivarte los miembros de tu equipo en tanto procuras la guía de Dios en ese ámbito específico?

nosotros ponemos nustras limitacione porque estamo dependiendo de nuestra euersas y pode Jamos aDios hobrar en nuestras vidas

8. ¿En qué sentido constituye la Pascua (Éxodo 12:1-24; *La Historia*, pp. **44-45**) un símbolo histórico que señala a la muerte de Cristo en la cruz como el último Cordero de Dios que quitaría el pecado del mundo?

el cordero sin manchas y sin defectos ke es Jessus

9. Lee la Sección 2 de *La Historia* (pp. **8-9** de esta guía del alumno). ¿De qué forma desarrolla Dios su historia en esta segunda parte y cómo se conecta con la tuya?

porque atruves de lo obediencia el seño los trae de rregreso manifestandose en nosotro la presensia de Dios

Oración de clausura

Considera algunas de las siguientes ideas como punto de partida durante el tiempo de oración:

- Agradécele a Dios por hacer uso de las personas con limitaciones, la gente sencilla e incluso las personas emocionalmente heridas con el fin de concretar sus planes en este mundo.

- Pídele a Dios que te ayude a verte a ti mismo a través de sus ojos más que a través de los tuyos.

- Confiesa los momentos en que motivado por el temor te rehusaste a seguir a Dios y pídele una mayor valentía para el futuro.

Entre sesiones

Reflexiones personales

Todos hemos dicho alguna vez: «Yo nunca podría» o «Espero que Dios nunca me pida...». ¿En qué facetas de tu vida tiendes a presentar resistencia al llamado de Dios? Conforme vayas reflexionando con honestidad en las respuestas a esta pregunta, ve presentándolas una a una delante del Señor. Admite tus temores y tu rebeldía. Pídele a Dios un valor renovado y la audacia para seguirlo aun cuando consideres que no tienes nada que ofrecer o que tu pasado te descalifica. Comprométete a seguir a Dios de la mejor manera posible sin importar lo que él te pueda estar llamando a hacer.

Acción personal

Una parte de la fe radica en actuar. Si te sientes impelido por Dios a cantar en el coro o tocar un instrumento en la iglesia, aparta un tiempo y comienza a practicar.

Si percibes que Dios te está llamando al campo misionero, entrégate y comprométete a seguir su llamado. Contacta además a algunas organizaciones misioneras, conversa con el encargado de las misiones en tu iglesia, realiza un viaje misionero de corta duración y procede a tomar cualquier medida que te pueda ayudar a prepararte.

Es obvio que captas la idea. Ríndete al liderazgo del Señor y procede a la vez a realizar la acción requerida. Dios hará su parte, pero nosotros tenemos que hacer la nuestra. El Señor llamó a Moisés, pero él tuvo que viajar a Egipto y enfrentarse al faraón.

Lectura para la próxima sesión

Dedica un tiempo antes de la próxima reunión con tu grupo para leer el capítulo 5 de *La Historia*.

Nuevos mandamientos
y un nuevo pacto

*Dios nos dio sus leyes y mandamientos para liberarnos,
protegernos y mostrarnos su amor… no para privarnos
de la diversión y arruinar nuestras vidas.*

Introducción

Cada día que subimos al auto y conducimos al trabajo, la universidad, la iglesia, el supermercado o cualquier otro sitio, seguimos una cantidad innumerable de reglas sin siquiera percatarnos de ello. Respondemos de forma casi instintiva a las «leyes del tránsito».

Manejamos por el lado correcto de la carretera. Frenamos al ver la señal de parar o ante la luz roja del semáforo. Tenemos cuidado de conducir en la dirección correcta en las calles de una sola vía. Nos incorporamos de forma adecuada al tráfico cuando las señales así lo indican. En un viaje relativamente corto, un conductor toma cientos de decisiones basado en las señales que se encuentran en la carretera y las reglas que ellas representan.

Seguir estas sencillas instrucciones de manejo no constituye un motivo para que nuestro viaje se arruine o se pierda la alegría de conducir por carretera. Esta es una forma de asegurar que permanezcamos vivos. Tales leyes nos protegen, dirigen y mantienen a salvo a todos. Sin ellas, un viaje corto a través de la ciudad sería peligroso, caótico y potencialmente mortal.

Coméntalo

¿Cómo dibujabas o imaginabas a Dios cuando eras niño? ¿Cómo se ha modificado esa concepción con el paso de los años?

Notas didácticas del DVD

Conforme observas el segmento en vídeo de la Sesión 5, haz uso del siguiente bosquejo y registra todo aquello que se destaca según tu criterio.

Directrices sobre la forma en que debemos tratarnos los unos a los otros

tratandolos unos alos otros
tratandolos con dinnidad i Respeto

Emplazamientos para el tabernáculo

tabernoculo tienda y morada
donde Dios abita

Expiación por los pecados

Solo la sangue De cristo linpiaba
los pecados lo pecuminoso debe
cubrise con la sangre De otro
para linpiar nuestros
pecado

El Dios de la Historia Primaria desea relacionarse con la Historia Secundaria

Dios quiero bajar i quedarse
con nosotros Dios kiere un lugar
linpio trasformado donde el
pueda morar

Discusión a partir del DVD

1. Si concebimos a Dios como un aguafiestas cósmico a la espera de que las personas hagan algo malo para atraparlas y castigarlas, ¿cómo repercute esa concepción en nuestra relación con él?

Dios se desecsiona de nosotros cuando lo culpamos ael cuando los salio mal la para que lo de losoluciontenemos que dejarle todo a Dios todos

2. Los Diez Mandamientos constituyen «las reglas básicas de tránsito» sobre cómo la gente debe relacionarse con Dios y entre sí (Éxodo 20:1-17; *La Historia*, pp. **53-54**). ¿En qué medida se perfeccionan nuestra vida y nuestra fe al observar estas ordenanzas en acción y en espíritu? ¿Qué podemos hacer para acoger y obedecer estos mandamientos de una forma más plena?

nuestra vida se perferciona que obedesemos y ponemos por obra la palabra y cunplimos sus mandamientos

3. Randy expone la verdad de que Dios busca descender y vincularse con su pueblo... ¡con nosotros! Él afirma que deben suceder tres cosas para que Dios se acerque a nuestra Historia Secundaria y podamos experimentar su presencia. ¿Por qué cada una de las verdades expuestas a continuación es tan importante?

   • Tienen que existir reglas que guíen a la gente en su relación con Dios y entre sí. *establecio los mandamientos i Reglas para estar con el ese lugar era el*

   • Dios requerirá un lugar para permanecer. *tenplo en nuestra casa y nuestro corazon porque somos tenplo y morade*

   • El pecado debe ser expiado. *de Dios sacrificio contra el pecado sacrificio del cordero para tapar el pecado*

> El Dios de la Historia Primaria quiso descender y habitar con nosotros en nuestra Historia Secundaria. Nunca más él estaría «allá arriba» y nosotros «acá abajo».

4. Dios no habita más en templos o tiendas de campaña; él vive en nosotros (Hechos 7:48-50; 1 Corintios 6:19). ¿En qué medida el reconocimiento de esta realidad contribuye a relacionar día a día su Historia Primaria con nuestra Historia Secundaria?

Primero) bajaBcal tabernuculo ahora bibe con nosotros

5. Dios mostró su amor por su pueblo y su anhelo de conectar la Historia Primaria y la Historia Secundaria viniendo a vivir entre nosotros. Él se estableció justo en medio nuestro. No obstante, su propósito es consolidar una relación a un nivel todavía más profundo. ¿De qué formas experimentas la presencia y el cuidado de Dios en tu vida diaria?

atraves de un cunbio interios y el cuidado de Pion es atraves de meesfuerzo y sucrificio diario

6. Tanto este capítulo de *La Historia* como la lección de Randy revelan la tercera acción que Dios tuvo que efectuar para que pudiéramos ser capaces de experimentar su presencia de manera personal. El mayor obstáculo de todos sería… superar el pecado humano. Iba a ser necesario realizar holocaustos para que las faltas humanas fueran encubiertas (expiadas). ¿En qué sentido el sistema sacrificial expuesto en *La Historia* y el libro de Levítico allana el terreno para el sacrificio final que limpiaría los pecados para siempre (la muerte de Cristo en la cruz)?

espiar los pecados para quesu presen. este connosotros lu sugre de cristo cia linpeo mis pecados y tengamos una Relacion con Dios

7. «El mal de las vacas locas», como lo llama Randy, es un ejemplo de cómo la gente trata de idear su propia religión, estableciendo su propio camino hacia Dios. ¿De qué forma continúa la humanidad haciendo lo mismo hoy en día y qué tan desastrosos son los resultados?

Dios establecios Reglas para yegar a el y la jente uselo que kiere

8. Dios prometió que su presencia estaría entre los suyos y que sobresaldrían en el mundo a causa de ello. Se trata de una verdad aún vigente. ¿Cuáles son algunas de las formas en que los cristianos *deberían* resaltar en el mundo? Cita un aspecto de tu vida en el que sientas que Dios te llama a distinguirte ante el mundo por el hecho de que él esta contigo.

Dios los yama a ser todo con ecselencia y conportarce y Jonde quieras que vayamos ses testimonio como forma adecuada

9. Lee la Sección 3 de *La Historia* (p. **9** de esta guía del alumno). ¿Cuál es el principal tema que aborda?

Dios quiere estar siempre con nosotros establesev una Relacion personal con Dios a traves de la Fe

En la comunidad de Dios las cosas son distintas. Las personas son tratadas con absoluta dignidad y respeto, sin herirlas, acosarlas, acapararlas, atacarlas ni aislarlas.

Oración de clausura

Considera algunas de las siguientes ideas como punto de partida durante el tiempo de oración:

- Pídele a Dios que te dé una visión más clara de quien es él. Ora para que esta no sea manchada con falsas interpretaciones e imágenes infantiles, sino configurada y fundamentada en su Palabra.

- Acoge a Dios cada vez más en tu corazón, tu hogar, tu iglesia y tu lugar de trabajo.

- Dale gracias a Jesús por constituir el sacrificio supremo, completo y definitivo por el pecado. Celebra el haber sido limpiado por medio de la sangre que él vertió en la cruz.

Entre sesiones

Reflexiones personales

Pregúntate: ¿Cuál es mi situación con respecto a los tres parámetros que Dios estableció a fin de conectar su historia más estrechamente con la mía? ¿Procuro hacer mi parte para asegurar que mi relación con Dios sea tan cercana como puede ser? ¿Estoy obedeciendo sus mandamientos y orientaciones? ¿Estoy estableciendo relaciones sanas y amando a otros de la forma en que quisieran ser amados? ¿Estoy invitando a Dios a habitar plenamente en mi corazón y mi vida? ¿De qué forma puedo celebrar su presencia en mí y comunicarme con él de manera más libre y frecuente? ¿Vivo con la convicción firme y absoluta de que todos mis pecados han sido expiados a través de la muerte de Cristo en la cruz y su gloriosa resurrección?

Acción personal

Jesús tomó la información útil y dadora de vida contenida en los Diez Mandamientos y la clarificó en el Sermón del Monte. Esta semana lee Mateo 5:17-48. Permite que las enseñanzas de Jesús incrementen tu comprensión de por qué los mandamientos de Dios dan vida y esperanza.

Lectura para la próxima sesión

Dedica un tiempo antes de la próxima reunión con tu grupo para leer el capítulo 6 de *La Historia*.

Errantes

Dios tiene un sendero grandioso planeado para nosotros que incluye el gozo y la confraternidad con él; cuando elegimos tomar nuestra propia ruta, el camino se torna más difícil y demora más tiempo.

Introducción

¿En alguna ocasión has pasado de largo ante la rampa de salida de la autopista para luego enterarte de que tendrás que recorrer una gran distancia antes de poder salir, girar en sentido contrario y volver en la dirección correcta? Conducir toda aquella inevitable distancia en la dirección equivocada se experimenta como algo frustrante, decepcionante y derrochador.

El pueblo de Israel, luego de su liberación de Egipto, viajó una distancia relativamente corta en camino a la tierra prometida. Con un grupo pequeño el trayecto habría tomado unas pocas semanas. Con más de un millón de personas, quizá un mes o dos.

¡Sin embargo, terminaron demorando cuarenta años!

Medita en el caso. El viaje debería haber tomado un par de meses a lo sumo. No obstante, el pueblo de Dios necesitó doscientos cuarenta veces más del tiempo requerido para llegar a su destino final. Esto representa un deambular inacabable, una cantidad inconcebible de giros equivocados y una «tardanza» histórica de proporciones épicas.

Este segmento de *La Historia*, este período en el que anduvieron errantes, contiene algunos de los recuentos más tristes y dolorosos de la narrativa bíblica. Su lectura resulta conmovedora. Sin embargo, nos confronta con la realidad de que Dios continuaba estando con su pueblo, a pesar de que ellos avanzaban en la dirección opuesta y caminaban en círculos... en medio del desierto.

Coméntalo

Cuenta sobre alguna ocasión en la que te hayas extraviado mientras conducías o dabas una caminata. ¿A partir de qué momento las cosas comenzaron a ir mal y cómo terminaste encontrando el camino de regreso a casa?

Notas didácticas del DVD

Conforme observas el segmento en vídeo de la Sesión 6, haz uso del siguiente bosquejo y registra todo aquello que se destaca según tu criterio.

Exploración de la tierra de la leche y la miel

Reportes contradictorios

Un desvío de cuarenta años

El más moderno sistema de localización satelital (GPS)

Discusión a partir del DVD

1. Describe algunas formas mediante las cuales Dios podría ayudarnos a trazar el rumbo de nuestras vidas y reubicarnos cuando andamos errando.

2. A lo largo de este capítulo de *La Historia,* Dios disciplina a su pueblo (en algunas ocasiones con mucha firmeza) a fin de hacerlo retomar el curso. ¿Cuáles son las ventajas de ser disciplinado por alguien que nos ama y desea lo mejor para nosotros?

> *Nuestra vida se asemeja a un viaje por carretera. Dios quiere guiarnos en cada paso de la ruta con su localizador GPS. Él puede ver el cuadro completo desde la Historia Primaria y desea lo mejor para nosotros. Su propósito es que lleguemos al destino final mientras disfrutamos del viaje.*

3. Randy mencionó que hubo al menos diez estallidos de «conducta insensata» por parte del pueblo de Israel durante su peregrinaje en el desierto. ¿En qué medida pueden los cristianos de hoy estar procediendo de forma análoga a través de sus quejas, murmuraciones y rebeldías en contra de los planes y el liderazgo divino?

4. Diez de los espías encargados de hacer el reconocimiento del territorio enfocaron su mente y sus ojos primordialmente en los obstáculos (Números 13:26-33; *La Historia*, p. **67**). ¿De qué manera pueden paralizarnos el temor y el hecho de fijarnos en los obstáculos en lugar de poner la vista en el Dios que puede ayudarnos a superarlos?

5. ¿De qué modo has percibido que los pecados de una generación han envenenado y dañado a las generaciones que vendrían después? Y de forma opuesta, ¿de qué manera ha sido para ti evidente que las buenas elecciones y la madurez espiritual se transfieren como una bendición a la siguiente generación?

> *Necesitamos que se nos recuerde que cualquiera sean las elecciones que hagamos, nuestra vida impacta la de los demás. El resto de las personas experimentará las bendiciones de nuestras buenas decisiones o los pesares de nuestras elecciones perjudiciales.*

6. ¿Cual sería una de las formas en que estás procurando transferir un legado saludable y positivo a la próxima generación? ¿De qué manera deben orar los miembros de tu grupo en tanto te esfuerzas por ser una fuente de bendición para los niños, adolescentes o adultos jóvenes sobre los cuales ejerces influencia?

7. Randy habló de la visión que Dios tiene en cuanto a la respuesta de sus hijos a su llamado a liderarlos. Cuando él Señor nos indica que viremos a la izquierda o la derecha, lo hacemos y avanzamos. Cuando exclama: «Alto», accionamos los frenos. ¿Qué tipo de cosas pueden conseguirse en dependencia de nuestra respuesta a la guía precisa de Dios?

8. ¿Qué podría contribuir a que escuchemos y respondamos con mayor rapidez cuando el Señor está procurando guiarnos? ¿En cuál de las facetas de tu vida te gustaría ser más receptivo al liderazgo del Señor y de qué manera podrían apoyarte los miembros de tu grupo para lograr ese cometido?

9. Lee la Sección 1 de *La Historia* (p. **8** de esta guía del alumno). ¿De qué formas has experimentado que Dios te busca y procura establecer una relación sólida contigo?

Oración de clausura

Considera algunas de las siguientes ideas como punto de partida durante el tiempo de oración:

- Agradécele a Dios por su amorosa disciplina y pídele que tu ayude a mantenerte en su camino siempre.

- Confiesa las ocasiones en que te has desviado del plan de Dios para tu vida y pídele al Señor que te ayude a reencaminarte de nuevo.

- Ora por un corazón y un espíritu maduro que no se quejen, murmuren o lloriqueen cuando las cosas no se hacen según tu criterio.

Entre sesiones

Reflexiones personales

Reflexiona sobre cualquier aspecto de tu vida en que hayas perdido el rumbo. Pide la ayuda del Señor para realizar una nueva evaluación que te permita retornar por el sendero correcto. Confiesa las ocasiones en que puedas haber sido contumaz y rebelde, y medita profundamente en la gracia que has recibido en Jesús. Luego, identifica las distintas formas en que necesitas modificar tus actos, actitudes y motivaciones a fin de alinearlos con la voluntad de Dios para tu vida.

Acción personal

Una de las mejores cosas que podemos hacer es prestarles atención a las personas sabias y de fe comprobada. En el capítulo 6 de *La Historia*, Josué y Caleb regresaron de explorar la tierra y brindaron consejos pertinentes. Desdichadamente, el pueblo no los escuchó. Localiza a una o dos personas de fe que conozcas bien y pregúntales qué visión y perspectiva tienen con respecto a tu vida. Cuéntales sobre la forma en que procuras seguir a Dios y dónde percibes que aún vagas fuera de curso. Pídeles sus sabios consejos y escúchalas con atención. Considera también preguntarles si podrían reunirse contigo con regularidad a fin de aconsejarte en tu continuo esfuerzo por caminar con Cristo.

Lectura para la próxima sesión

Dedica un tiempo antes de la próxima reunión con tu grupo para leer el capítulo 7 de *La Historia*.

Comienza la batalla

Aunque te parezca sorprendente, seguir a Dios implica involucrarse en una serie de batallas destinadas a vivir bajo su voluntad y transitar sus caminos… esto será siempre parte de nuestra historia.

Introducción

¿Has visto alguna vez un documental sobre la forma en que los salmones nadan río arriba para desovar? Estos peces luchan con todas sus fuerzas contra las corrientes más impetuosas. Literalmente, saltan sobre las cataratas y las rocas irregulares. Una fuerza irresistible los lleva hacia arriba y hacia adelante. Es inspirador observarlos.

Sin embargo, algunos de los salmones se agotan. En medio de su fatiga dejan de nadar y de inmediato son arrastrados de regreso, corriente abajo. La corriente acaba con todo su esfuerzo y se dan por vencidos.

Seguir al Señor en este mundo puede asemejarse mucho a la experiencia del salmón nadando en contra de la corriente. ¡Dios nos llama a luchar contra la corriente cultural todos lo días de nuestra vida! Es una batalla, una guerra y un reto diario mantenerse viviendo para el Señor en un mundo donde el flujo de la corriente es diametralmente opuesto a la voluntad de Dios y sus caminos.

Tenemos que tomar una decisión. Nadar con todas nuestras fuerzas y seguir luchando esforzadamente. O bien rendirnos y encontrarnos flotando de regreso corriente abajo. Nos enfrentamos a esa encrucijada muchas veces cada día.

Coméntalo

¿Podrías recordar alguna temporada de tu vida en la que te enfrentaste a un reto abrumador que te era necesario encarar? ¿Cuál fue y cómo respondiste?

clamando el nombre De Dios

Notas didácticas del DVD

Conforme observas el segmento en vídeo de la Sesión 7, haz uso del siguiente bosquejo y registra todo aquello que se destaca según tu criterio.

Dios le ordena a Josué: «Sé fuerte y valiente»

se fuerte para que niba a nesesitar las fuersar el poder De Dios para peltar la vataya ke nada ni nodien los uga Cramiar

Compromiso a ser un pueblo de la Palabra

ke tengo proposito de discubris su boluntad

Crecer como un pueblo de oración preguntandole a Dios sipodemos abansar mantener nuestras posisiones la Horacion hincluye escuchar a Dios sielten esto en

Experimentar el orgullo de ser un pueblo identificado con Dios

si-emos yegado a una el asunto Relocion con Dios atraves de Jesucristo tenemos que declarar leadtad el identificandolos en publico y a dentro, biviendo en ovedencia puke otros sean atruidos por nuestro padre

Discusión a partir del DVD

1. ¿Qué le pide Dios a su pueblo que haga durante los preparativos de entrada a la tierra prometida (Josué 1:1-11; *La Historia*, p. **79**)?

esfuersate y se baliente notemas ni desmayes porque Jeova tu Dios estar contigo adonque kieras k. vaes

2. La primera vez que enviaron espías a la tierra que habrían de ocupar participaron un total de doce hombres. Solo dos de ellos dieron un reporte favorable, los otros diez fueron tan negativos que lograron convencer al pueblo de Israel de que la recompensa no compensaba los riesgos. Cuatro décadas después, Josué envió únicamente dos espías a esa misma tierra. Randy opina al respecto que «las comitivas rara vez toman decisiones valientes». Discute el valor de seguir a un par de líderes audaces antes que a un «comité representativo» en los momentos en que requerimos avanzar con rapidez y determinación.

un lider uudas es el que trebe lu fortalesa De Dios atraves de lu horacion y lu palabra

3. Al igual que el pueblo de Israel, hay ocasiones en que le tememos a los desafíos y no queremos lidiar con ellos. ¿Qué reto en tu vida has mantenido en segundo plano y consideras que ahora es el momento de hacerle frente y lidiar con el? ¿Cómo deberían orar por ti los miembros de tu grupo y brindarte ánimo y apoyo para que puedas mantener la responsabilidad durante este proceso?

horanDo parake Dios toke el corazon De lu personas

En la Historia Secundaria los gigantes eran de mayor estatura que los israelitas, en la Historia Primaria la talla de Dios es mayor que la de los gigantes.

4. ¿De qué forma la lectura constante y ferviente de la Biblia (La Historia de Dios) nos ayuda a mantenernos fuertes y valerosos en nuestros esfuerzos por oponernos a las corrientes de este mundo y nadar en contra de ellas?

emos aprendido que los siervos ke la istoria primaria y la desovediencia de otros los ase para Recupositar enfrentarlos ala bataya sa viendo

¿Cuáles son tus hábitos y compromisos personales en lo concerniente al estudio de la Biblia? ¿De qué manera te pueden incentivar los miembros de tu grupo para que tu amor por la Palabra de Dios se acreciente?

Saviendo ke dependemosdeDios ayunando horando intesediendo por el vien de otro leyendo la palabra y dando un buentes timon:D

> Recita siempre el libro de la ley, medita en él de día y de noche; cumple con cuidado todo lo que en él está escrito. Así prosperarás y tendrás éxito (Josué 1:8; La Historia, p. 79).

5. Josué le leyó las palabras de la historia de Dios a todo el pueblo: niños, adolescentes y adultos. ¿De qué maneras podemos ayudar a nuestros niños y adolescentes a crecer en el conocimiento de la Biblia y el amor por ella? ¿Cómo podemos lograr esto en nuestras casas e iglesias?

dando horandor por eyos y ablando. de la palabra

6. El capítulo 7 de *La Historia* nos enseña que siempre debemos mantener nuestra comunicación con Dios para asegurarnos de que es él quien nos lidera y no somos nosotros los que avanzamos por nuestra cuenta. ¿Por qué es tan importante orar, escuchar a Dios y seguir su guía cuando tomamos decisiones vitales? ¿Cuáles son algunas de las posibles conse-

porque atrabes de Dios somos guiados venciendo todo ostacdo

cuencias si nos olvidamos de hacerlo? ¿En qué aspecto de tu vida necesitas comprometerte a orar y escuchar más?

el enemigo toma Bentaja i los desviamos del camino en los problemas para enfrentarlos

7. El bautismo es un símbolo externo de nuestra identificación con Dios. ¿Cuál es el significado del mismo y por qué esta celebración pública es tan relevante e impactante? Permite que algunas personas narren sus experiencias al respecto.

el bautismo es muerte y Resurescion

8. Dado que los cristianos vivimos en un mundo que fluye con tanta fuerza en contra de los deseos y el sentir de Dios, con frecuencia somos identificados como creyentes simplemente por nuestra manera de vivir. Menciona algunas acciones y actitudes que le muestran al mundo que somos seguidores de Jesús.

en nuestros portamiento nuetros testimoni y trato con los de mas

9. Lee la Sección 2 de *La Historia* (pp. **8-9** de esta guía del alumno). ¿De qué forma has percibido a Dios procurando revelar su presencia, poder y plan en tu vida?

Dios ba cormundo una nueva persona

Oración de clausura

Considera algunas de las siguientes ideas como punto de partida durante el tiempo de oración:

- Ora por un amor renovado y más profundo por la Palabra de Dios, así como por un mayor compromiso en la lectura y el estudio diario de la Biblia.

- Pídele al Señor que te ayude a establecer una comunicación más frecuente e íntima con él durante tu tiempo de oración.

- Ruega que los miembros de tu grupo incrementen su audacia y valentía y estén preparados para enfrentar cualquier reto o batalla que Dios ponga delante de ellos.

Entre sesiones

Reflexiones personales

Piensa en los tres ámbitos de preparación para la batalla que Randy mencionó en el capítulo 7 de *La Historia*:

¿Cómo puedo profundizar en la Palabra de Dios y seguirla con mayor entrega en mi vida diaria?

¿Qué pasos puedo dar a fin de crear más espacio para conversar con Dios en mi diario vivir, en particular cuando estoy enfrentando luchas?

Cuando la gente me observa en un día común y corriente, ¿pueden percatarse de que soy un seguidor de Jesús? ¿Qué puedo hacer para vivir y pensar de manera tal que se me identifique más estrechamente con mi Salvador?

Acción personal

Durante el transcurso de la lectura del capítulo 7 de *La Historia* o en la reunión con tu grupo, Dios puede haber llamado tu atención sobre un aspecto de tu vida en el que te has rendido y dejado de nadar en contra de la corriente del mundo. No se trata de que no te importara, pero quizá has sido arrastrado corriente abajo en la dirección equivocada. Si experimentas tal convicción, haz el compromiso de dar pasos específicos para obedecer la voluntad del Señor, resistir la tentación e iniciar la lucha contra esa faceta particular de pecado o apatía. Busca a algún amigo que ore por ti y te ayude a mantener la responsabilidad de dar una buena batalla.

Lectura para la próxima sesión

Dedica un tiempo antes de la próxima reunión con tu grupo para leer el capítulo 8 de *La Historia*.

Unos pocos hombres buenos…
y mujeres

Dios se empeña en atraer a los pecadores e invitarlos a una tener relación con él; en algunas ocasiones y a fin de lograr su cometido, llama a personas sorprendentes e inesperadas para que lo ayuden en el proceso.

Introducción

En una ocasión, Albert Einstein definió la locura como «realizar una y otras vez las mismas cosas esperando obtener resultados diferentes». Si usamos esa definición y analizamos este capítulo de *La Historia*, llegaremos a la conclusión de que el pueblo de Israel no estaba bien de la cabeza. En el período de los jueces, la nación elegida por Dios cayó una y otra vez dentro del mismo ciclo. En cada ocasión en que se rebelaron y alejaron de Dios, enfrentaron las mismas consecuencias: un ejército extranjero los invadía y acababan siendo víctimas de la opresión, la ocupación y la ruptura de la nación.

Podrías suponer que después de haber experimentado el ciclo dos o tres veces terminarían comprendiéndolo. No obstante, este capítulo de *La Historia* deja en evidencia que no lograban aprender de sus experiencias pasadas. ¡Y cada vez que terminaban oprimidos y abandonados, se desconcertaban por su infortunio!

Conforme leemos estos relatos bíblicos, podría resultar sencillo levantar el dedo acusador en contra de nuestros antecesores en la fe. Sin embargo, si nos miramos al espejo y examinamos nuestra propia vida, podremos vernos a nosotros mismos actuando igual que el pueblo israelita, manteniéndonos en un mismo ciclo de pecado mes tras mes y año tras año.

Coméntalo

Si pudieras hablar con un ángel y plantearle una sola pregunta que comenzara «¿Por qué…?», ¿qué le preguntarías?

Notas didácticas del DVD

Conforme observas el segmento en vídeo de la Sesión 8, haz uso del siguiente bosquejo y registra todo aquello que se destaca según tu criterio.

Gedeón realizó la pregunta «¿Por qué...?»

La respuesta veraz a la pregunta «¿Por qué...?»

El ciclo de Israel

La victoria de Gedeón, la senda de Dios

Discusión a partir del DVD

1. A lo largo de *La Historia*, hemos aprendido que Dios usa a gente sorprendente a fin de hacer cumplir su voluntad. Conforme vayas leyendo acerca de Débora, Gedeón y Sansón en el presente capítulo, pregúntate: ¿En qué medida resulta sorprendente la elección de cada uno de estos personajes como líder escogido por Dios?

> *Con frecuencia Dios selecciona al candidato más improbable para concretar el plan de su Historia Primaria. ¿Por qué? Porque cuando su propósito se cumple todo el mundo comprende que en realidad ha sido obra del Señor. De esa manera, todos terminan volviendo sus rostros al Señor.*

2. Haz un contraste entre la forma en que Dios veía a Gedeón y la forma en que este hombre se veía a sí mismo (Jueces 6:11-16; *La Historia*, pp. **95-96**). ¿En qué sentido este pasaje trae un aire de esperanza a nuestros corazones en aquellos momentos en que sentimos que Dios jamás podría realizar grandes obras por medio de nosotros?

3. Durante el ciclo continuo que tuvo lugar en el período de los Jueces, el pueblo de Dios se mantuvo practicando los pecados, la religión y las costumbres de los pueblos que habían ocupado aquel territorio antes de que ellos lo conquistaran. ¿De qué formas los cristianos de hoy en día dan cabida al pecado, las prácticas y la cultura reinante para acabar desobedeciendo a Dios y alejándose de él?

¿De qué manera podemos reconocer la tentación de adaptarnos a las prácticas pecaminosas de este mundo y así evitar caer?

4. Uno de los temas recurrentes en este capítulo de *La Historia* es el surgimiento de una nueva generación que desconocía a Dios y lo que él había hecho por su pueblo en el pasado. Con el olvido venía el error. La misma trágica experiencia puede acontecerle a nuestra generación. ¿Qué cosas prácticas podemos hacer en nuestros hogares y la iglesia para ayudar a la próxima generación a conocer y recordar lo que Dios ha hecho en el pasado a fin de que confíen en él en el futuro?

5. Por lo visto, parecen haber consecuencias cuando nos rehusamos a seguir los caminos del Señor. ¿Por qué crees que continuamos repitiendo los mismos patrones de pecado pese a que sabemos de antemano que los resultados no serán buenos?

6. ¿Dónde piensas que estarías hoy si Dios no hubiera permitido que su disciplina te despertara a la realidad del pecado y te condujera a sus brazos?

> *Como cristianos solemos buscarnos toda clase de problemas por querer vivir la vida de la manera en que se nos antoja, no de la forma que Dios señala. En la Historia Secundaria pensamos que el Señor nos ha abandonado. En la Historia Primaria, Dios espera que regresemos a él. Sus brazos siempre están abiertos.*

7. ¿De qué manera fortaleció Dios a Gedeón y lo ayudó a superar sus temores y enfrentar a las poderosas fuerzas de Madián? ¿En qué medida el Señor todavía hace lo mismo por nosotros cuando nos sentimos incapaces y temerosos?

8. ¿Te haz enfrentado a alguna situación particular en que las probabilidades estaban en tu contra, tanto que llevaban a los demás a decir: «¡No hay manera!», pero a pesar de todo te sostuviste de la mano del Señor y continuaste adelante? ¿Cuál fue el resultado de esa situación y cómo se vio Dios glorificado?

¿En qué aspecto de tu vida presente el Señor procura conducirte a la plena convicción de que él es suficiente?

9. Lee la Sección 3 de *La Historia* (p. **9** de esta guía del alumno). ¿Cómo se desarrolla la historia de Dios en esta parte y de qué manera se relaciona con tu propia historia?

Oración de clausura

Considera algunas de las siguientes ideas como punto de partida durante el tiempo de oración:

- Admite que tenemos la tendencia a olvidar las grandes cosas que Dios ha hecho en el pasado. Pídele a Dios que te ayude a recordar su fidelidad cada día.

- Dale gracias a Dios porque cuando su pueblo se arrepiente y clama por ayuda, él siempre envía un libertador. Eleva una alabanza especial porque Jesús vino como el elegido que ofrecería la liberación final y absoluta.

- Dile a Dios que estás preparado para seguirlo y obedecer su voluntad, aun cuando puedas sentirte incompetente para realizar la tarea que te demanda.

Entre sesiones

Reflexiones personales

¿Hay ciertos patrones de rebelión y lucha en tu vida? ¿Cómo evalúas tu patrón personal de vida en lo que concierne al pecado y tu deambular lejos de Dios? ¿Qué paso podrías dar para modificar ese patrón?

Acción personal

Lee y medita sobre el cántico de Moisés contenido en Deuteronomio 32. Permite que el mensaje de este canto penetre profundamente en tu alma. Quizá te gustaría escribirlo y colocarlo en algún lugar donde lo puedas leer con regularidad. Si eres una persona con inclinaciones musicales, tal vez quieras musicalizarlo. Deja que el mensaje de este breve pasaje te recuerde las bondades de Dios y nuestra tendencia humana a regresar a los mismos pecados una y otra vez.

Lectura para la próxima sesión

Dedica un tiempo antes de la próxima reunión con tu grupo para leer el capítulo 9 de *La Historia*.

La fe de una mujer extranjera

Cuando todo luce desesperanzador y sin sentido, Dios podría simplemente estar preparándose para realizar alguna de sus grandes obras.

Introducción

En la icónica comedia cinematográfica de la década de 1990, *Una pareja de idiotas* (también conocida como *Tonto y retonto*, *Tontos y más tontos* o *Dos tontos muy tontos*), el personaje de Lloyd Christmas desfallece de amor por una mujer llamada Mary. En un momento dramático, Lloyd se decide finalmente a preguntarle a Mary si existe alguna posibilidad de que ellos puedan terminar juntos. Este es el breve diálogo que sostienen:

Lloyd: ¿Cuáles son mis posibilidades?

Mary: No muy buenas.

La música se detiene abruptamente y da lugar a una incómoda pausa...

Lloyd: ¿Quieres decir «no muy buenas» como de una en cien?

Mary: Diría que más bien como de una en un millón.

Otra pausa en tanto Lloyd procesa la información... luego exclama exultante:

Lloyd: Entonces me estás diciendo que hay una oportunidad... ¡qué bien!

Lo que hace este diálogo tan humorístico es que todos comprenden que no existe ninguna posibilidad... todos excepto Lloyd. Él es un optimista irracional.

Conforme avanzamos en *La Historia* nos encontramos una y otra vez con situaciones que aparentan ser imposibles y por tanto desesperanzadoras. Desde la perspectiva de la Historia Secundaria las observamos y decimos: «Si la posibilidad es de una en un millón... realmente no hay posibilidad del todo». ¡Y entonces, contra toda razón posible, Dios nos habla desde la Historia Superior para hacernos saber que en realidad existe una posibilidad!

Coméntalo

Comenta sobre alguna oportunidad en la que Dios se manifestara haciendo algo sorpresivo e inesperado en medio de una situación que se consideraba sin esperanza aparente para ti o alguna otra persona que conozcas.

Notas didácticas del DVD

Conforme observas el segmento en vídeo de la Sesión 9, haz uso del siguiente bosquejo y registra todo aquello que se destaca según tu criterio.

La fidelidad de Rut hacia Noemí

El duro trabajo de Rut y su noble carácter

Booz: el pariente redentor

El niño Obed: un recordatorio de que Dios ha estado obrando a través de toda la historia

Discusión a partir del DVD

1. Conforme vayas leyendo el capítulo 9 de *La Historia*, pregúntate: ¿Cuáles fueron algunas de las pérdidas que enfrentaron Rut y Noemí? ¿Cuál fue la respuesta de ellas a esas dolorosas experiencias?

2. Noemí era una persona de fe, sin embargo, cuestionó a Dios y fue profundamente honesta con respecto a sus dificultades (Rut 1:19-21; *La Historia*, p. **108**). ¿De qué manera las pérdidas sufridas por Noemí repercutieron en la forma en que veía a Dios y su obra en su vida?

   Comenta sobre alguna oportunidad en que hayas sido transparente con Dios en cuanto a tu dolor y sufrimiento. A medida que rememores aquel episodio, pregúntate: ¿Que aprendí sobre la presencia y la fidelidad del Señor?

3. Booz fue un hombre de extraordinario carácter y sabiduría (Rut 2—3; *La Historia*, pp. **108-111**). ¿Qué aprendemos de la relación que mantenía Booz con sus empleados y Rut?

4. La lectura del capítulo 9 de *La Historia* nos permite ir obteniendo vislumbres del carácter de Rut. ¿Cuáles serían algunos de los aspectos ejemplares de sus sentimientos, actitudes y conductas? ¿De qué forma podría constituir Rut un modelo para la gente de hoy?

5. Hacia el final de capítulo 9 de *La Historia* (Rut 4:1-10), Booz le ofrece a otro miembro de la familia la oportunidad de pagar para redimir la tierra del fallecido esposo de Noemí y sus dos hijos. Cuando ese miembro de la familia se percata de que la negociación tendría un alto costo y no obtendría ningún tipo de beneficio económico, decide declinar la oferta. En aquel momento Booz paga por la totalidad de la propiedad y permite con ello que el nombre de Elimélec (el esposo de Noemí) sea preservado. Proporciona ejemplos de algunas cosas que Dios llama a los cristianos a hacer que tienen un gran costo y no ofrecen muchos beneficios (en esta vida o a los ojos del mundo).

Estudiar la palabra y yebaila a otros- Isometimiento, Diesnos ofrendos, tiempo completo para serbir a dios

6. ¿De qué forma la vida de Jesús establece un modelo de servicio siendo que se daba a sí mismo y se sacrificaba por la gente que no tenía nada que ofrecerle a cambio?

Dios dio su vida por nosotros cuando agatemos al hermano. cuanto agamos algo en nuestra Iglesia sea el serbisio o lo que agamos no esperemos nada a cambia

¿Qué estás recibiendo de Jesús que en verdad jamás podrías pagarle?
¿Cómo podemos expresarle nuestra gratitud por su inmensa generosidad?

Asiendo lo bueno trabajandome
enel plan de salvasion dedicando tiempo
a dios orasion oyuno. asistir a la Iglesia
ber Sus nesesidades
Trabajar como un cuerpo
completo

> *Jesús es el Redentor*
> *supremo.*

7. Al considerar cómo la vida de Noemí pasó de la amargura (*Mara*) a la
belleza (*Noemí*), cuestiónate cuáles fueron las formas en las que Dios le
extendió su gracia a esta mujer de fe. ¿Qué persona podría estar necesi-
tando de tu cercanía para que le recuerdes que es amada (o bella) y qué
acción podrías llevar a cabo esta semana a fin de extenderle la gracia de
Dios a esa persona?

Darle una yamada, o visitarle a
una persona queeste nesesita deamor
que no conosca de dios yebandole la
palabra dedios

> *Ahora mismo tu historia podría parecer*
> *algo desesperada y difícil de asimilar. No*
> *obstante, ten presente que si amas a Dios*
> *y ordenas tu vida de acuerdo con sus*
> *propósitos, descubrirás que él está haciendo*
> *todo para bien. ¡Espera con paciencia y verás*
> *desarrollarse el buen plan del Señor!*

8. Lee la Sección 4 de *La Historia* (p. **9** de esta guía del alumno). ¿Cuál es el
tema principal que aborda?

Repressentar com nuestra testimonio
Dentro y fuera de la Iglesia sabiendo
como ablar y como nos comportamo

Oración de clausura

Considera algunas de las siguientes ideas como punto de partida durante el tiempo de oración:

- Ora por todos aquellos que amas y ocupan tu atención, en particular por los que enfrentan ahora mismo situaciones difíciles en su vida.

- Agradécele al Señor por tener el control de la Historia Primaria aun en aquellos tiempos en que parece no haber esperanza. Pídele que te dé la fortaleza para permanecer fiel incluso en medio de las circunstancias más difíciles. Alábalo porque detrás de todo cuanto sucede él siempre está presente para guiarte y liderarte.

- Pídele a Dios que te ayude a ser como Booz y convertirte en una persona que extiende el bondadoso cuidado del Señor hacia todos aquellos que con frecuencia son olvidados.

Entre sesiones

Reflexiones personales

Medita acerca de algunos de los protagonistas principales de esta maravillosa historia y ora para que tu vida refleje de igual forma algunas de estas mismas actitudes y conductas que honran el nombre del Señor.

Noemí: Aprende de la fe ejemplar que mostró en los momentos más difíciles, su cuidado por su nuera y su honestidad con respecto a sus sufrimientos y pérdidas.

Rut: Aprende de su devoción por Noemí, su compromiso por el trabajo tenaz y su confianza en Dios.

Booz: Aprende de su compasión por las personas en necesidad, su generosidad y su integridad.

Acción personal

Transfórmate en un Booz. Él mostró su compasión por una persona que estaba en necesidad. Considera uno o dos actos de generosidad que podrías llevar a cabo durante el transcurso de la próxima semana con alguna persona que esté herida, marginada o en necesidad.

Lectura para la próxima sesión

Dedica un tiempo antes de la próxima reunión con tu grupo para leer el capítulo 10 de *La Historia*.

Mientras más alto se halla, más dura es la caída

¡Tratar de emular al resto nunca es una buena idea, y el peligro es mayor cuando ese resto constituye un mal ejemplo!

Introducción

A inicios del siglo diecinueve, Charles Caleb Colton acuño la frase: «La imitación es la forma más sincera de adulación». Obviamente, se limitó a hacer una observación sobre algo que siempre ha formado parte de la naturaleza humana. La gente tiende a imitar lo que hacen otros a su alrededor... ¡para bien o para mal!

Las empresas gastan millones de dólares en estudios de mercadeo, procurando determinar cómo conseguir que más mujeres usen su perfume, más niños consuman sus refrescos, más personas piensen en un restaurante en particular cuando estén hambrientas, y en última instancia, reflexionando en cómo lograr que cada miembro de la totalidad de la familia humana tome las mismas decisiones y a pesar de ello sea capaz de percibir su propia individualidad.

Es una necesidad humana, durante la etapa de crecimiento, encajar en roles que suelen poner nerviosos a los padres. Como progenitores quisiéramos que nuestros hijos estén rodeados de niños que toman buenas decisiones, ya que sabemos que cuando entablen amistad con ellos, querrán vestirse, hablar y pensar de la misma forma en que los demás lo hacen antes de que nosotros podamos siquiera percatarnos. Es por esta misma razón que un padre o una madre se llenan de pánico cuando se enteran de que alguno de sus hijos comienza a relacionarse con un grupo de amigos que toman decisiones imprudentes y peligrosas.

Nuestro padre celestial nos conoce. Comprende nuestra tendencia humana a imitar lo que vemos y se preocupa porque sigamos su ejemplo. Lo triste del caso es que con frecuencia más bien somos atraídos a imitar las tendencias culturales.

Coméntalo

Describe tu proceder como alumno de secundaria. ¿En qué asuntos te involucrabas, qué estilo de ropa usabas, qué música te gustaba y quiénes ejercían mayor influencia en tu vida?

Notas didácticas del DVD

Conforme observas el segmento en vídeo de la Sesión 10, haz uso del siguiente bosquejo y registra todo aquello que se destaca según tu criterio.

Dios escucha el clamor de Ana: nace Samuel

El pueblo de Israel anhela ser como el del resto de las naciones

El primer rey de Israel, Saúl

Samuel le notifica a Saúl que Dios lo ha rechazado como rey

Discusión a partir del DVD

1. El primer capítulo de Samuel (*La Historia*, pp. **113-114**) narra la desgarradora historia de la esterilidad de Ana y cómo su petición de concebir un niño fue finalmente respondida. ¿Qué te impacta con respecto al carácter y la fe de Ana?

> *Dios hizo fecunda la matriz de Ana y le concedió el niño que ella tanto había añorado en su Historia Secundaria. El Señor se regocija en hacer ese tipo de cosas por nosotros. Ana, de forma muy apropiada, llamó a su hijo «Samuel», que en hebreo significa «Dios oyó».*

2. ¿Qué le enseñó Elí a Samuel con respecto a escuchar a Dios (1 Samuel 3:1-10; *La Historia*, pp. **115-116**). ¿Qué podemos aprender sobre la comunicación con Dios a medida que vemos desarrollarse la historia de Samuel?

3. De acuerdo a 1 Samuel 8 (*La Historia*, pp. **118-119**), ¿qué reacción experimenta Samuel ante la solicitud de los líderes de Israel de que se les otorgue un rey con el propósito de ser igual al resto de las naciones? ¿Cómo se siente Dios al respecto?

> *Dios no está buscando gente que simplemente desee parecerse a alguien más, está buscando gente que quiera ser como Cristo.*

4. ¿Cómo la descripción que hace Samuel de las consecuencias de tener un rey terrenal, en vez de uno celestial, establece un paralelo con las acciones de aquellos que gobiernan nuestro mundo hoy?

5. El plan de Dios en la Historia Primaria es reinar como soberano sobre su pueblo. En la Historia Secundaria, el pueblo insiste en tener un rey terrenal como gobernante. Dios le concede su pedido. ¿Opinas que todavía hoy Dios nos permite seguir nuestro propio camino (en algunas ocasiones) a pesar de que no constituya su perfecta voluntad para nosotros? Si es así, da un ejemplo de la forma en que esto podría ocurrir.

6. Saúl hizo caso omiso de las instrucciones del Señor, lo cual condujo a que Samuel tuviera que informarle que perdería su trono debido a que Dios lo rechazaba como rey. Randy señala que uno de los graves errores de Saúl fue distorsionar y deformar la imagen de Dios, mostrándolo como cruel y codicioso antes que como justo y santo. ¿Por qué el Señor se preocupa tanto de que su pueblo muestre una imagen precisa de quién es él? ¿Qué podemos hacer para presentar a Dios ante el mundo con mayor claridad y precisión?

7. El deseo del Señor es revelarle su presencia, su poder y su plan al mundo con el propósito de lograr restaurar la relación de los seres humanos con él. ¿De qué forma observas a Dios realizar cada una de las siguientes acciones en este capítulo de *La Historia*?

   • Revelar su *presencia*

   • Mostrar su *poder*

   • Ejecutar su *plan* con el propósito de traernos de regreso

8. Lee la Sección 1 de *La Historia* (p. **8** de esta guía del alumno). Si alguno de los miembros de tu grupo ha memorizado el breve enunciado que describe el tema esencial de esta sección, permítele citarlo y comentar con respecto a lo que Dios le enseñó mientras se comprometía a memorizar tal declaración.

Oración de clausura

Considera algunas de las siguientes ideas como punto de partida durante el tiempo de oración:

- Pídele a Dios que te ayude a ver si has estado ajustándote al mundo y ora por la fortaleza para rectificar y seguir solo el plan que el Señor tiene para ti.

- Confiesa en qué aspectos te has sentido tentado a imitar al mundo o seguir sus malos ejemplos y ora a fin de que puedas experimentar la gracia y el poder de Dios para cambiar.

- Ruega poder contar con el valor necesario para seguir la dirección de Dios en tu vida. Ora por no terminar con tu propia versión de las instrucciones y en su lugar mantenerte apegado a lo que originalmente ha propuesto Dios.

Entre sesiones

Reflexiones personales

La capacidad humana para el autoengaño y la racionalización es sorprendente. Esas fueron las circunstancias que le costaron a Saúl su reinado. Reflexiona durante esta semana en cualquier patrón de tu vida en el que tiendes a racionalizar el pecado. Si el Señor te redarguye por un área en la que esto está sucediendo, confiesa con honestidad y pide la fortaleza necesaria para cambiar.

Acción personal

Al igual que el pueblo de Israel en los días de Samuel y que los adolescentes de secundaria en el día de hoy, podemos tener la propensión a imitar y emular los malos ejemplos. Reflexiona sobre tus conductas, prácticas habituales, patrones de compra, estilos de ropa, vocabulario, pasatiempos... cualquier cosa que podrías hacer simplemente porque alguien más lo hace. Si identificas algo malsano, impío u ofensivo, comprométete a ponerle fin a esa conducta.

Lectura para la próxima sesión

Dedica un tiempo antes de la próxima reunión con tu grupo para leer el capítulo 11 de *La Historia*.

De pastor a rey

*En verdad no puedes juzgar el contenido de un libro
por su portada, no es hasta que lo abres y comienzas
a leerlo que percibes la verdadera historia.*

Introducción

Nuestra sociedad no solo está preocupada por la apariencia externa... estamos patológicamente obsesionados por cómo lucimos.

La gente gasta incontables sumas de dinero en todo tipo de cosas que contribuyan a mejorar su apariencia: ropa adecuada, un par de zapatos perfecto, camisetas deportivas del equipo favorito, cortes de cabello, joyería o un auto flamante. Algunas personas harán lo que sea necesario a fin de «verse bien» y «formar parte de», incluso pagar por cirugías que disimulen, levanten, aplanen o mejoren sus características corporales.

En la cultura juvenil las tendencias y los estilos cambian a un ritmo acelerado, y los adolescentes que no pueden mantenerse al día son considerados «fuera del grupo». Esta obsesión está ejerciendo presión incluso en los estilos y la apariencia de los niños más pequeños.

Podríamos concluir que tal fijación con la apariencia exterior es producto de nuestro mundo moderno y que surgió a partir de las estrategias de mercadeo en los grandes centros de la moda. No obstante, la verdad es que la tendencia humana a enfocarse en la apariencia externa se remonta hasta los antiguos tiempos bíblicos. Es tan antigua como la humanidad misma.

Coméntalo

Narra alguna oportunidad en la que conociste a alguien y te formaste un juicio apresurado sobre esa persona, solo para descubrir con posterioridad que estabas completamente errado en tu apreciación.

Notas didácticas del DVD

Conforme observas el segmento en vídeo de la Sesión 11, haz uso del siguiente bosquejo y registra todo aquello que se destaca según tu criterio.

Dios mira a David y ve a un rey (nadie más vio a David de esa manera)

Transcurren catorce años entre la unción y la investidura… Dios está obrando

Dios toma nota del corazón de David

Cómo la historia de David apunta a la Historia Primaria de Dios… El Señor procura traernos de regreso

Discusión a partir del DVD

1. En este capítulo de *La Historia*, muchas personas consideran haber comprendido a David. Explica cómo lo veía cada uno de los siguientes personajes desde su óptica personal:

   - Su padre, Isaí (1 Samuel 16:8-12; *La Historia*, pp. **127-128**)

   - El profeta Samuel (1 Samuel 16:7-13; *La Historia*, pp. **127-128**)

   - Su hermano, Eliab (1 Samuel 17:28; *La Historia*, p. **130**)

   - El rey Saúl (1 Samuel 17:33-39; *La Historia*, p. **130**)

   - Goliat (1 Samuel 17:41-44; *La Historia*, p. **130**)

2. Dios veía a David de forma muy distinta a los demás. A la luz de este capítulo de *La Historia*, ¿cómo lo veía él?

> *David bien podría haber sido considerado un enano por su apariencia externa, pero Dios examinó la profundidad de su corazón y halló a un gigante.*

3. Este capítulo incluye dos impresionantes oraciones de David: una es el Salmo 59 (*La Historia*, pp. **133-134**) y la otra aparece en 2 Samuel 22:1-7, 47; Salmo 18 (*La Historia*, pp. **135-136**). ¿Qué infieres con respecto al corazón de David a partir de estas honestas y apasionadas súplicas a Dios?

4. Randy sostiene: «Dios puso a David en un campo de entrenamiento espiritual para esculpirlo y refinarlo al fin de ser el tipo de hombre que en verdad confiara en Dios». Narra alguna oportunidad, presente o pasada, en la que el Señor te haya enlistado en un campo de entrenamiento espiritual. ¿De qué forma usó Dios ese tiempo para refinarte, fortalecerte y hacerte crecer?

5. David tuvo que esperar catorce años entre la fecha de su unción y la de su entronización. ¿Has tenido que esperar alguna vez durante mucho tiempo para recibir algo que sentías que el Señor había planeado para ti? ¿Qué te hizo mantener viva la esperanza durante aquella espera?

6. Leyendo *La Historia*, descubrimos que David tenía su porción de luchas y pecados. Sin embargo, y a pesar de a todo, era un hombre cuyo corazón iba en pos de Dios. ¿Cuáles son las cosas que tienden a distraerte y alejarte del Señor? ¿Qué podemos hacer para mantener nuestros corazones enfocados en Dios y acrecentar nuestro amor por él?

7. En este segmento en DVD de la sesión, Randy hace una provocativa declaración: «Dios puede usar nuestras vidas desobedientes de forma tan efectiva como usa nuestras vidas obedientes en la Historia Secundaria para hacer funcionar su plan en la Historia Primaria». ¿Estás de acuerdo con esta idea? Da un ejemplo tomado de la Biblia que apoye la tesis de Randy.

8. *La Historia* relata que muchos hijos de Dios tuvieron que enfrentar largos períodos de espera (a menudo durante tiempos difíciles y en ocasiones en el desierto). ¿De qué forma utiliza Dios esos períodos, así como las temporadas de retos en la vida, a fin de prepararnos para los grandes retos del futuro?

Si ahora mismo estás experimentando un tiempo de espera en el Señor, ¿qué puedes hacer para mantenerte fiel a él durante este período? ¿Cómo deberían orar los miembros de tu grupo por ti y brindarte su apoyo mientras permaneces en esta temporada de espera?

> *Mucho de lo que acontece en la historia de David nos enlaza directamente con el plan de la Historia Primaria de Dios, cuyo propósito es traernos de regreso a él. David fue llamado el Ungido de Dios. Estas dos palabras en castellano se unifican en hebreo bajo el término «Mesías». David fue el Mesías en la Historia Secundaria. Su justo reinado dirige nuestra atención al Mesías de la Historia Primaria.*

9. Lee la Sección 2 de *La Historia* (p. **8-9** de esta guía del alumno). Si alguno de los miembros de tu grupo ha memorizado el breve enunciado que describe el tema esencial de esta sección, permítele citarlo y comentar con respecto a lo que Dios le enseñó mientras se comprometía a memorizar tal declaración.

Oración de clausura

Considera algunas de las siguientes ideas como punto de partida durante el tiempo de oración:

- Pídele al Señor que te ayude a ver más allá de las apariencias (en ti mismo y los demás).

- Ora por aquellas personas que conoces y se hallan en un momento difícil de espera. Pídele al Señor que las guíe a través de este proceso y ruega por sabiduría para saber cómo apoyarlas y animarlas.

- Invita a Dios a que, cueste lo que cueste, temple tu carácter y te prepare para que pueda usarte de manera extraordinaria.

Entre sesiones

Reflexiones personales

Reflexiona sobre alguna época de espera en tu vida en la que sentiste que Dios te estaba perfeccionado. Medita sobre las lecciones que aprendiste mientras tanto. ¿Las has mantenido vigentes hasta el día de hoy? ¿Te perdiste algunas lecciones que Dios quería enseñarte todavía?

Acción personal

Durante nuestras temporadas de desolación y espera personal, tenemos que recordar que Dios está con nosotros. No obstante, también podemos hallar consuelo sabiendo que el pueblo del Señor camina a nuestro lado. Piensa en un familiar o amigo que esté en medio de una situación difícil. Ora por esa persona. Pídele a Dios que te use como un conducto de su amor, como un recordatorio visible de que el Señor está junto a ella, cuidándola. Pregúntale de qué forma podrías estar a su lado, ofreciéndole tu atención y apoyo.

Lectura para la próxima sesión

Dedica un tiempo antes de la próxima reunión con tu grupo para leer el capítulo 12 de *La Historia*.

Las pruebas de un rey

El costo del pecado, para nosotros y el resto [...] es más alto
de lo que jamás nos hubiéramos imaginado.

Introducción

¿Jugaste alguna vez siendo niño con fichas de dominó? ¿Las colocaste en alguna ocasión con mucho cuidado una tras otra sobre una superficie firme hasta conseguir que todas las fichas se mantuvieran una frente a otra como si fueran pequeños soldaditos? Entonces, con un dedito tembloroso, empujabas suavemente una ficha y para tu deleite se producía una reacción en cadena conocida como «efecto dominó», hasta que todas las fichas hubieran caído. La sensación era extraordinaria. Incluso el sonido de los dominós cayendo uno detrás del otro proporcionaba una extraña satisfacción.

Esa es precisamente la razón para preparar con meticulosidad un espectáculo en el que tiene lugar la caída de fichas de dominó en cadena. Para algunas personas, experimentar la línea de fichas cayendo se convierte en una verdadera obsesión. Hasta la fecha, el récord mundial de fichas de dominó en fila alcanza la asombrosa suma de 4.234.027.

En el capítulo 12 de *La Historia*, leemos sobre otro tipo de «efecto dominó», uno que tiene que ver con el pecado. Cuando cometemos un pecado, esa acción única puede comenzar una reacción en cadena de otros pecados... clic, clic, clic... hasta caer al fondo.

De igual forma, podemos observar un «efecto dominó» cuando una persona peca y otros a su alrededor se ven afectados. El efecto del pecado no permanece aislado. Nuestras elecciones impactan al mundo que nos rodea. Nos encontramos tan cerca unos de otros que cuando caemos, el efecto sobre nuestra vida repercute en el resto y con frecuencia ellos también caen junto con nosotros.

Coméntalo

Comenta sobre alguna ocasión en tu infancia en la que tomaste una decisión pecaminosa que luego dio lugar a otra serie de pecados.

el que dice una mentira se ve obligado a seguir mintiendo

Notas didácticas del DVD

Conforme observas el segmento en vídeo de la Sesión 12, haz uso del siguiente bosquejo y registra todo aquello que se destaca según tu criterio.

El reinado exitoso del rey David A David todo le salio bien goberno el pueblo entero con Justicia y Rectitud

Un cambio fundamental en la vida de David: Betsabé David salio a una sote de ahi vio a vna Mujer bañandose y fue por su Hermosura Adultero y mato

El complot de David queda expuesto David Pre paro un Plan Para Matar a URias mando que lo fucilaron enfrente de la batalla para que le dieran en el blanco

Respuesta y restauración del rey David el Profeta natan comfronto a David por su Pecado y Reconoce su pecado

Discusión a partir del DVD

1. Al inicio del capítulo 12 de *La Historia* (2 Samuel 11; *La Historia*, pp. **143-144**) vemos a David incurrir en pecado y comenzar un «efecto dominó» de otra serie de pecados que le siguieron. Identifica cada uno de esos pecados y explica cómo llevaron a su vez a otras acciones o elecciones pecaminosas en la vida de David. codicia mentira adulterio y asesinato

2. El pecado de David no lo afectó exclusivamente a él, sino también a otros a su alrededor. Toma nota de sus efectos sobre:

- Betsabé Betsabe perdio al hijo Urias pago con su vida en el campo de batalla ya que su accion

- Urías

- El profeta Natán el profeta natan los con flonto con sus pecados

- El general del ejército, Joab Inconsientemente Mondo a la muerte a urias

- Otros soldados bajo el mando de Joab y cayeron en combate por causade la decicion de david de matar a urias

- El bebé concebido por Betsabé muere a causa del pecado de David

- Otras personas en la vida de David Su hija fué biolada y su hijo ac Salon se enfrento ael y fue muerto

3. Una vez muerto Urías, David creyó que se había salido con la suya y encubierto su codicia, adulterio, mentira y asesinato. Sin embargo, al ser enfrentado por Natán, comprende que el Señor lo sabe todo. ¿De qué formas podemos autoengañarnos pensando que hemos borrado todo rastro de nuestras malas acciones y ocultado nuestro pecado (de nosotros mismos, los demás y Dios)? *Cuando hacemos algo Indevido no Reconocemos nuestros Pecados creemos que todo esta bien*

4. El rey Saúl (al ser confrontado por el profeta Samuel) no hace admisión de pecado, ni se arrepiente, ni busca ser perdonado... se limita a presentar excusas. Esa es la razón por la cual Dios lo rechaza. ¿De qué forma la respuesta de David difiere de la de Saúl al ser confrontado con la realidad de su pecado? (2 Samuel 12; *La Historia*, pp. **144-148**.) *porque Saúl no Reconoce sus pecados Y David Reconoce sus pecados y Se arepienten*

5. Dios perdonó a David, pero las consecuencias de sus acciones pecaminosas fueron inevitables. ¿Cuáles fueron algunas de las secuelas inmediatas y posteriores que tuvo que enfrentar David debido a sus decisiones erradas y deshonestas? *La perdida del bebe Betsabe la hija Biolada la rebelión del hijo ansalon y todo fue quitado*

¿Por qué es tan importante que tengamos presente que aun cuando caminamos en la gracia del Señor podríamos enfrentar consecuencias muy reales como producto de nuestros pecados? porque aun cuando hacemos lo mejor todo tos sale bien somos más sussedi bles a caer

> El simple acto de admitir que hemos hecho lo malo, o incluso de intentar enmendarlo, no implica que hayamos contrarrestado las consecuencias.

6. ¿Qué aprendemos acerca de la santidad y el corazón de Dios si tenemos en cuenta las interacciones entre Natán y David? Natan se lleva el Derecho de ser oscucnado comfronta a David David acepto 7 Reconocio su pecado

7. Supón que hubieras podido preguntarle a David al término de sus días: «¿Qué consejo y opinión me podrías dar en cuanto a la tentación y el pecado?». ¿Qué pudiera él haberte respondido si en el presente te encontraras escarceando con el pecado? a la Tentación: es que este firme mire que no caiga Trafar de evitarlo horando para evitar la Tentación aren pentirce 7 Pedir perdon: B con la experiencia que tubo 7 la consecuencia que tubo Aprendemos 7 los separamos del Pecabo

8. Randy señala que la vida de David, aun con sus caídas y debilidades, conduce a la gente al Señor. ¿De qué manera puede utilizar Dios nuestra vida, tanto lo bueno como lo malo de ella, para manifestarle su amor y su gracia a la gente a nuestro alrededor?

lo bueno que Dios hace en nuestras vidas sirue de ejemplo para otros y vienen a los caminos de Dios: con el pecado nosotros aprendemos a levantar los si los humillamos y Reconocemos nuestras acciones

> Las acciones de David tuvieron graves consecuencias, pero debido a que respondió de la forma correcta, sus relaciones afectivas fueron restauradas, en especial la más importante de todas, la relación con Dios.

9. Lee la Sección 3 de *La Historia* (p. **9** de esta guía del alumno). ¿De qué forma la muerte y resurrección de Jesucristo se erigió como un puente que debes cruzar para establecer una relación más íntima con Dios?

Por medio en la obra de cristo de la cruz Podemos anular la decición de adan y tener una relación con Dios

Oración de clausura

Considera algunas de las siguientes ideas como punto de partida durante el tiempo de oración:

- Ora por tener una visión anticipada del «efecto dominó» que tu pecado podría ocasionar *antes* de que lo cometas. Pídele a Dios que te dé un sentido del precio que tanto tú como otros tendrían que pagar para que esa perspectiva te incline a aspirar a la santidad y evitar tener que vivir con los daños colaterales del pecado.

- Pídele al Señor que puedas contar con personas en tu vida que te amen lo suficiente como para confrontarte con tu pecado. Invita al Espíritu Santo a ablandar tu corazón para que puedas contar con la humildad necesaria a fin de recibir las palabras de los que te hablan sobre convicciones y principios.

- Exprésale tu gratitud a Dios porque la gracia de Jesús es suficiente para cubrir todas nuestras faltas.

Entre sesiones

Reflexiones personales

Pregúntate: ¿De qué forma respondo cuando la gente me confronta o me corrige? ¿Actúo como Saúl, pretendiendo encubrir mis acciones pecaminosas? ¿O soy como David, escuchando, recibiendo y arrepintiéndome?

Acción personal

He aquí un desafío grande y osado. Si conoces a una o dos personas con suficiente madurez en la fe y que en realidad se preocupan por ti, considera reunirte con ellas, invítalas humildemente a conversar sobre tu vida con plena honestidad y en el momento que sea. Hazles saber que buscarás en oración escuchar y recibir sus palabras, aun cuando puedan resultar dolorosas.

Lectura para la próxima sesión

Dedica un tiempo antes de la próxima reunión con tu grupo para leer el capítulo 13 de *La Historia*.

El rey que lo tenía todo

Comenzar bien es fácil. Acabar bien es un proyecto que demanda toda una vida y que muchos no completan.

Introducción

¿Jugaste de niño alguna vez a pedir tres deseos e imaginar que se cumplirían, ya fueran grandes o pequeños? «Deseo una bicicleta nueva». «¡Deseo poder caminar a través de las paredes o volar como Superman!». «Deseo ver a mi papá, que se marchó hace mucho tiempo».

Cuando somos pequeños, justo tres deseos pueden satisfacer nuestra imaginación infantil. Mientras el tiempo pasaba y crecíamos, nos volvíamos más listos. Algunos de nosotros llegábamos a la conclusión de que en realidad solo requeríamos que se cumpliera un deseo. ¿Tienes idea de cuál podía ser? «Deseo que todos mis deseos se cumplan». ¡Por supuesto!

Algunos niños, pocos y muy peculiares, dedicaban uno de sus deseos a la resolución del hambre o a lograr la paz en el mundo. Sin embargo, la mayoría de nosotros deseábamos que todos nuestros deseos se cumplieran a fin de asegurarnos de que contaríamos con todas aquellas cosas que anhelábamos por el resto de nuestra vida.

En el capítulo 13 de *La Historia*, Dios se le aparece a Salomón, tercer rey de Israel e hijo de David, y le dice: «Pídeme lo que quieras». La respuesta de Salomón al ofrecimiento de Dios es un extraordinario ejemplo para todos nosotros.

Coméntalo

Si volvieras a jugar en tu imaginación a que se cumplieran tus deseos y te fuera dado el poder de hacer que se concreten con el fin de ayudar a los demás, ¿cuáles deseos pedirías? amor parce la Humanidad

Notas didácticas del DVD

Conforme observas el segmento en vídeo de la Sesión 13, haz uso del siguiente bosquejo y registra todo aquello que se destaca según tu criterio.

La prudencia del rey Salomón al pedir sabiduría salomon fue Prudente Para Pedir sabiduria dicerdimiento Para ~~entender~~ y gobernar a su Pueblo Dios se agrado de el

Salomón construye el templo
utilizo 180 Hobreros y ciete años Para contruirlos y luego la presen Cia de Dios se manifecto en el lugar Santicimo

Salomón y la alegoría de la rana en el agua caliente
Cuando se Pone una rana en el agua Hirviendo la rana salta así afuera Pero si se Pone en el agua tibia y calienta Poco a Poco la rana no siente y es cocinada a fuego lento

La conclusión de Salomón en el libro de Eclesiastés
teme a Dios y guarda sus manda mientos Porque esto es tode del Hombre

Discusión a partir del DVD

1. Nuestra cultura tiene cierta similitud con un recipiente de agua que es calentado poco a poco y en el que previamente ha sido depositada una rana (en teoría, el animalito no percibe el cambio gradual en la temperatura del agua y por tanto a la larga perece). Debemos ser cuidadosos con los cambios graduales que tienen lugar en la sociedad. Proporciona algunos ejemplos de cambios paulatinos y peligrosos que puedan estar ocurriendo a nuestro alrededor y fallamos en detectar. ¿Qué podemos hacer para estar prevenidos, advertirlos y resistir sus nocivas tendencias?

No dejando los tentar por el enemigo teniendo temor de Dios y guardando sus mandamientos

> Si Salomón fue el hombre más sabio que haya existido y no fue capaz de percibir «la rana en el recipiente de agua caliente», ¿qué nos hace creer que nosotros somos tan listos como para detectar tal circunstancia?

2. Cerca del final de sus días, David le hizo un encargo a su hijo Salomón (1 Reyes 2:1-4; *La Historia*, pp. 155-156). ¿Qué exhortaciones específicas le dio y en qué medida sus palabras reflejan lo que David había aprendido en cuanto a las decisiones que tomó en su propia vida?

que guardara sus preceptos andando sus caminos sus estatutos y mandamientos y decretos testimonios

3. Dios se le apareció a Salomón en un sueño y lo comprometió en una conversación del tipo «Si pudieras obtener cualquier cosa que pidieras» (1 Reyes 3:5-14; *La Historia*, pp. 156-157). ¿Qué pidió Salomón y qué se abstuvo de pedir? ¿Qué lección acerca de la oración aprendemos de este acontecimiento en la vida de Salomón?

Salomón pidió sabiduria y se actubo de pedir riquezas B: que no tantoso los conocemos fuerte si terminemos fuertes

4. A medida que la sabiduría de Salomón se acrecentaba, el Espíritu Santo lo inspiró a escribir y recopilar máximas, aforismos y proverbios. ¿Cuál es el propósito y el valor de estos y por qué son tan necesarios en el presente como lo fueron en el pasado? Véase Proverbios 1:1-7 (*La Historia*, p. 158).

y el principio de la sabiduría es el temor de Jehova los hiacen suto Imnoran la sabiduria y la enseñanza

5. *La Historia* (pp. 158-162) incluye muchos ejemplos de proverbios. Responde a *una* de las preguntas a continuación relacionadas con esta colección de dicho sabios:

   • ¿Qué nos enseñan en cuanto a *temer* al Señor?

   • ¿Qué nos enseñan en cuanto a las *relaciones que honran* a Dios?

   • ¿Qué nos enseñan en cuanto a *cómo manejar nuestras finanzas con sabiduría*?

   • ¿Qué nos enseñan en cuanto al *uso correcto de nuestras palabras*?

a. el temor es el principio de la sabiduria
b. que los enseñan con los cosas Honrares a Dios con frutos y tus cosecinas
3. que nos enseñan no te des al sueño o te quedara pobre mantete despierto y tendras pan de sobra
d. el que refrena su lengua se libra se frena de meena angut.

6. Durante la inauguración del templo, Salomón oró y le habló al pueblo de Israel (1 Reyes 8:22-61; *La Historia*, pp. 165-166). ¿Qué nos enseñan sus palabras con respecto a Dios? ¿Qué pidió para sí mismo y para el pueblo? ¿De qué forma su oración nos sirve como un ejemplo de la forma en que debemos hablar con Dios? *De rodillas con sos manos hacia el cielo con soplicahacia el cie lo Inclinando el corazón trajando ca dia mejor*

7. Después que Salomón orara y encomendara al pueblo, el Señor le habló (1 Reyes 9:1-9; *La Historia*, p. 167). ¿Qué promesas le hizo Dios al pueblo («Si ustedes... entonces yo...»)? ¿De qué forma estas promesas trajeron *si somos obedientes alas leyes y decre tes que Dios los manda el hab te los ciclo y drama bendiciones Hosta que abunda*

esperanza y al mismo tiempo un sentido de conciencia de la necesidad de seguir a Dios muy de cerca?

8. Hacia el final de su vida, el sabio rey Salomón cometió algunos errores realmente insensatos (1 Reyes 11:1-13; *La Historia*, pp. **169-170**). ¿Cuáles fueron esos errores y cuáles sus consecuencias? ¿Cómo podemos evitar nosotros terminar tan pobremente? *que se caso con la hija del faraón y no era israclita con dioses paganos el ofendió a Dios y no le fué fiel*

¿Hay algún aspecto de tu vida con el que te agradaría que tu grupo te apoyara en oración a fin de garantizar que continúes viviendo con prudencia o puedas redireccionar tu vida para que la vivas y la concluyas victoriosamente?

9. Lee la Sección 4 de *La Historia* (p. **9** de esta guía del alumno). ¿Cómo desarrolla Dios su historia en esta sección y cómo se conecta con tu propia historia? *testificando sobre su vida entre la forma que vivimos*

> La forma en que vivimos nuestra vida tiene mucha importancia. Nuestras plegarias deben encaminarse a que podamos vivirla victoriosamente de principio a fin.

Oración de clausura

Considera algunas de las siguientes ideas como punto de partida durante el tiempo de oración:

- Pídele al Señor que te ayude a crecer cada día más en su sabiduría.

- Invita al Espíritu Santo a que abra tus ojos ante aquellas «ollas de agua en calentamiento» en las que podrías encontrarte ahora mismo (ten presente el efecto antes mencionado de «la rana en el agua caliente»). Ora por la fuerza necesaria para escapar de inmediato.

- Agradécele a Dios por todas las personas sabias que ha puesto a tu alrededor y pídele que te ayude a convertirte tu mismo en alguien capaz de ofrecer sabiduría a las nuevas generaciones.

Entre sesiones

Reflexiones personales

Cerca del final de su existencia, Dios inspiró a Salomón a escribir sus reflexiones sobre lo que aprendió en la vida, ellas constituyen el libro de Eclesiastés. Procede a leer este libro y medita en lo sencillo que es enfocarse en las cosas malas. Pídele al Señor que te ayude a identificar lo que es más relevante para él y lo que debería ser más importante para ti.

Acción personal

Ten una charla inspiradora (algunas palabras sabias) con alguna persona joven que conozcas. Identifica en oración a una o dos personas que Dios podría querer que motivaras con tus palabras, reúnete con ellas y háblales de lo que el Señor ha puesto en tu corazón.

El libro de Proverbios consta de treinta y un capítulos. Considera hacer el compromiso de leer un capítulo cada día durante el próximo mes. Te tomará únicamente unos minutos al día. Tu sabiduría se acrecentará a medida que vayas avanzando en la lectura de este extraordinario libro.

Lectura para la próxima sesión

Dedica un tiempo antes de la próxima reunión con tu grupo para leer el capítulo 14 de *La Historia*.

Un reino desgarrado en dos

No hay nada civilizado en una guerra civil.

Introducción

En el discurso de Gettysburg, pronunciado el 18 de noviembre de 1863, Abraham Lincoln expresó:

> Hace ochenta y siete años, nuestros padres hicieron nacer en este continente una nueva nación concebida en libertad y consagrada al principio de que todas las personas son creadas iguales. Ahora estamos empeñados en una gran guerra civil que pone a prueba si esta nación, o cualquier nación así concebida y consagrada, puede perdurar en el tiempo. Estamos reunidos en un gran campo de batalla de esa guerra. Hemos venido a dedicar una porción de ese campo como último lugar de descanso para aquellos que dieron aquí sus vidas a fin de que esta nación pudiera pervivir. Es absolutamente correcto y apropiado que hagamos tal cosa.

La Guerra Civil Estadounidense enfrentó a hermanos y hermanas. En una guerra civil, todos lo que mueren pertenecen a la misma nación... en cierto sentido, son miembros de una misma familia.

El capítulo 14 de *La Historia* recoge la dolorosa y desgarradora crónica de una nación dividida... Israel, el pueblo del Señor. La Guerra Civil Estadounidense se extendió por cinco años, la del pueblo israelita tardó más de doscientos. En los Estados Unidos, la conflagración concluyó con una nación unida (con el transcurrir del tiempo). En Israel, las dos facciones no llegaron a unirse nunca.

Dios aspira a la unidad de las naciones. Desea la unidad en los sitios de trabajo, las escuelas, los vecindarios, las iglesias y los hogares. El Señor nos invita a ser instrumentos de paz y a buscar armonía en nuestras relaciones. Lograr este propósito demanda el compromiso vitalicio de seguir a Dios y buscar su ayuda. No podemos conseguir esto por nosotros mismos.

Coméntalo

El capítulo 14 de *La Historia* se desarrolla como un drama épico de Hollywood: conflicto, intriga, guerra y destellos de redención en medio de desgarradoras rebeliones. Comenta sobre alguna película de tu agrado que contenga fuertes elementos redentores.

Notas didácticas del DVD

Conforme observas el segmento en vídeo de la Sesión 14, haz uso del siguiente bosquejo y registra todo aquello que se destaca según tu criterio.

Escenario para la historia

Personajes principales: Roboán y Jeroboán

Trama, propósito y tema de la Historia Secundaria

Trama, propósito y tema de la Historia Primaria

Discusión a partir del DVD

1. Cuando Roboán, el hijo de Salomón, tuvo que enfrentar una decisión con respecto a los altos impuestos que le había exigido al pueblo, tomó la resolución de buscar una opinión al respecto en dos fuentes distintas (1 Reyes 12:1-11; *La Historia*, pp. **171-172**). ¿Cuáles fueron esas fuentes y en qué sentido entraron en conflicto los consejos de ambas? ¿Por qué crees que las sugerencias resultaron ser tan radicalmente diferentes?

2. Las personas muy mayores, aquellas que han recorrido un largo sendero en la vida, con frecuencia son portadoras de una gran sabiduría en su corazón. ¿Qué persona conoces que puedas catalogar como muy sabia y de qué forma ha impactado tu vida? ¿Cuál sería una de las mejores muestras de sabiduría que esta persona te ha ofrecido a través de los años?

3. En su sabiduría, los ancianos le dijeron a Roboán que si le servía a la nación, el pueblo le seguiría gustoso. Jesús le dio forma a esta verdad en el Nuevo Testamento al lavar los pies de sus discípulos (Juan 13). ¿En qué sentido servir a los demás con un corazón humilde potencia el liderazgo de una persona?

¿De qué maneras puedes acrecentar tu servicio en tanto procuras influir en la vida de las personas que te rodean? ¿A qué persona te llama el Señor a servir esta semana?

4. Tanto esta sección de *La Historia*, así como la vida y las enseñanzas de Jesús, ilustran que una familia dividida siempre sucumbe. ¿Qué tipo de cosas prácticas puedes hacer para traer paz a las familias y los hogares?

Satanás disfruta dividiendo a las familias. Si el enemigo ha ocasionado un conflicto en tu familia, o intenta hacerlo, ¿de qué forma puedes luchar contra esa situación y procurar la salud y la paz familiar?

5. La iglesia, la familia de Dios, ha tenido su propia porción de guerras civiles y divisiones internas a través de los siglos. ¿Cómo puedes contribuir a la armonía y la paz en tu propia iglesia?

> Una familia dividida contra sí misma no puede sostenerse. Tenemos que hacer nuestra parte para asegurarnos de que esto no suceda en nuestro hogar, nuestra iglesia y nuestra nación.

6. Desde la perspectiva de la Historia Secundaria, fue el áspero estilo de liderazgo de Roboán lo que terminó ocasionando la división del reino. Desde el punto de vista de la Historia Primaria, sabemos que la idolatría de Salomón y sus concesiones terminaron desatando una serie de efectos en cadena para el futuro de la nación. ¿Qué aprendemos de las actitudes y acciones equivocadas que tanto Salomón como su hijo protagonizaron en esta historia?

7. Randy hace notar: «Siempre que Israel era completamente devoto a Dios, prosperaban; pero cuando dividían su lealtad con otros dioses o intereses, se debilitaban». ¿De qué manera se evidencia esta realidad espiritual en el capítulo 14 de *La Historia* y tu propia vida?

> *A fin de experimentar la completa bendición del Señor y asegurarnos de que todo contribuye para bien en nuestra vida, necesitamos amar a Dios por sobre todas las cosas y alinear nuestras vidas con su plan de la Historia Primaria.*

8. Como se muestra en este capítulo de *La Historia*, Dios le da mucha importancia al pecado de la idolatría. Este fue el que condujo a Salomón a un final en la vida que dejó mucho que desear. De igual forma, marcó tanto a Israel (el reino del norte) como a Judá (el reino del sur), y condujo con el tiempo a la caída de ambos. ¿Qué formas de idolatría pueden persistir en nuestras vidas hoy en día? ¿Cómo podemos reconocerlas e identificar sus raíces antes de que debiliten nuestra fe y nos destruyan?

9. Lee la Sección 5 de *La Historia* (p. **9** de esta guía del alumno). ¿Cuál es el principal tema que aborda?

Oración de clausura

Considera algunas de las siguientes ideas como punto de partida durante el tiempo de oración:

- Dale gracias al Señor porque a pesar de los errores humanos a lo largo de la historia, él nunca renunció a nosotros y siempre nos buscó y amó.

- Agradécele por las personas verdaderamente sabias que ha puesto en tu vida y están dispuestas a hacerte partícipe de su sabiduría.

- Ora por la restauración de cualquier relación quebrantada en tu vida.

Entre sesiones

Reflexiones personales

Dedica un tiempo durante esta semana a meditar en las siguientes tres preguntas:

¿Soy un pacificador o una fuente de conflicto en mis relaciones? ¿De qué forma puedo tender puentes y restaurar las relaciones que se han deteriorado a lo largo de mi vida?

Cuando se me coloca en situaciones en las que estoy llamado a ejercer influencia y liderazgo, ¿me considero un servidor humilde?

¿Existe algún ídolo en mi vida, aunque sea muy pequeño? Si la respuesta es afirmativa, ¿qué puedo hacer para eliminarlo?

Acción personal

Una de las organizaciones más divisivas en la historia del mundo, es triste tener que decirlo, ha sido la iglesia. A medida que te desplaces por tu comunidad la próxima semana, comprométete a orar por cada congregación con la que te encuentres. Ruega a Dios por su bendición y guía para cada uno de los hermanos y hermanas que asisten a ella.

Lectura para la próxima sesión

Dedica un tiempo antes de la próxima reunión con tu grupo para leer el capítulo 15 de *La Historia*.

Mensajeros de Dios

Con frecuencia se malinterpretan las palabras del fallecido juez de la Corte Suprema de Justicia de los Estados Unidos, Oliver Wendell Holmes, Jr., cuando afirmó que estaba mal gritar «fuego» en un cine atestado de gente. Lo que él dijo en realidad fue que estaba mal gritar falsamente «fuego» en un cine lleno de gente.

Introducción

Un rótulo bien ubicado y escrito con claridad puede conservarte ileso o incluso salvar tu vida. Piénsalo por un momento... todos valoramos los anuncios de advertencia cuyo propósito es protegernos cuando hay algún peligro cercano. Aquí tienes algunos ejemplos:

- Cuidado con el perro
- Resbaloso cuando está mojado
- Aceite en el asfalto
- Este producto podría causar cáncer
- Puente colapsado

En el capítulo 15 de *La Historia*, encontramos lo que podríamos llamar «letreros de Dios en los postes», se trata de los profetas. Dios, con todo su amor, los ubicó justo en medio de los senderos por los que su pueblo transitaba para que sus voces pudieran ofrecer advertencias claras. Ellos fueron hombres fieles, apasionados e incansables. A veces el pueblo prestaba atención, pero con frecuencia simplemente desatendía los anuncios, ignoraba a los portavoces y se dirigía directo al precipicio.

Una y otra vez Dios enviaría a sus mensajeros, los profetas. El plan de Dios nunca se modificó. Su propósito era traer a su pueblo de regreso para establecer una relación de amor con él. A medida que los profetas hablaban, el lamento del corazón del Señor podía ser percibido: «Por favor, vuelvan a casa, regresen a mí; aún los amo y no es demasiado tarde».

Coméntalo

Habla sobre alguna ocasión en que después de haber visto un rótulo, seguiste sus indicaciones y terminaste feliz con los resultados. O por el contrario, acerca de alguna vez que lo ignoraste y sufriste las consecuencias por haberlo hecho.

Notas didácticas del DVD

Conforme observas el segmento en vídeo de la Sesión 15, haz uso del siguiente bosquejo y registra todo aquello que se destaca según tu criterio.

Las razones por las que Dios dividió a la nación de Israel

El reino del norte (Israel) y el reino del sur (Judá)

Los profetas intervienen para traer un mensaje claro y amoroso de Dios

La voz de Oseas... Dios habla; la vida de Oseas... Dios da su mensaje

Discusión a partir del DVD

1. El Señor aún ama a su pueblo, todavía trata de advertirnos con ternura cuando estamos en peligro. Menciona algunas de las formas en que Dios va colocando letreros justo en medio de nuestro sendero a medida que transitamos por la vida.

2. Cuando Elías retó a los falsos profetas de Baal, se volvió en un momento dado a la multitud de Israel y le preguntó: «¿Por cuánto tiempo vacilarán entre dos opiniones? ¿Hasta cuándo van a seguir indecisos? Si el Dios verdadero es el Señor, deben seguirlo; pero si es Baal, síganlo a él» (1 Reyes 18:21; *La Historia*, p. **182**). ¿Cómo puede reflejarse en nuestros días el hecho de que los cristianos «vacilan entre dos opiniones», intentando mantener un pie en el mundo mientras tratan a la vez de caminar con Jesús? ¿De qué forma tal estilo de vida nos impide experimentar realmente la amistad íntima con Dios?

3. Justo después de una victoria extraordinaria, Elías tuvo que enfrentar una difícil etapa espiritual y emocional (1 Reyes 19:1-9; *La Historia*, pp. **183-184**). ¿Cuál fue la experiencia por la que atravesó Elías (emocional, física y espiritual) y de qué forma procuró Dios su amorosa restauración?

Comenta sobre alguna oportunidad en la que hayas descendido a un nivel muy bajo en tu fe poco después de un tiempo de verdadera victoria o fortaleza espiritual. ¿Cómo podemos estar en guardia y preparados para un ataque espiritual en casos como esos?

4. Describe las perspectivas de la Historia Primaria y la Historia Secundaria conforme sigues a Eliseo y su sirviente en el relato narrado en 2 Reyes 6:8-23 (*La Historia*, pp. **188-189**). ¿Por qué es importante para nosotros pedir en oración una visión espiritual que nos permita obtener ocasionalmente un vistazo de lo que está ocurriendo en la Historia Primaria?

5. Por medio de los profetas Amós y Oseas, Dios señaló el pecado del pueblo y sus acciones de rebelión (*La Historia*, pp. **190-193**). ¿Cuáles fueron algunos de los pecados cometidos por Israel y por qué opinas que Dios fue tan severo con respecto a ellos?

> *El Señor aún habla hoy. Dios está llamando. La pregunta es si atenderás su llamada y prestarás atención o si la desviarás al buzón de voz de la contestadora telefónica.*

6. Es evidente que si el pueblo de Dios se arrepentía (se alejaba del pecado y regresaba al Señor), él estaba preparado para acogerlo de nuevo con gracia y amor. ¿De qué manera Dios nos extiende aún hoy la misma invitación a través de Jesús? ¿Qué significa arrepentirse verdaderamente y volverse a Dios a la luz de la cruz de Cristo?

7. Siempre que el pueblo de Israel caminaba en comunión con Dios, era fructífero y rebosaba de alegría. Sin embargo, en cuanto se distraía con otros intereses (incluyendo los falsos dioses y la idolatría) su vida comunal se tornaba un caos. ¿De qué manera tu vida personal, incluyendo tus actitudes y tu disposición general, se ve modificada cuando no estás caminando estrechamente con Jesús?

> *El secreto del éxito de las guerras de Israel radicó en su Dios. Su estrecha relación con él fue lo que condujo a otras naciones a decir: «¡Nosotros también queremos llegar a conocer a ese Dios!».*

8. ¿En qué sentido la lectura y la obediencia de las enseñanzas bíblicas nos mantienen en comunión con Dios y guardan nuestro corazón del tipo de complacencia que experimentaba el pueblo de Israel? ¿Qué podemos hacer para profundizar nuestro compromiso, estudiar y obedecer la Palabra de Dios?

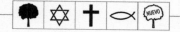

9. Lee las Secciones 1-5 de *La Historia* (pp. **8-9** de esta guía del alumno). Explica cómo estas secciones en conjunto constituyen una historia hermosa y cabal.

Oración de clausura

Considera algunas de las siguientes ideas como punto de partida durante el tiempo de oración:

- Pídele al Señor que abra tus ojos (de la misma forma en que lo hizo con el servidor de Eliseo) para que te sea permitido observar lo que acontece en la Historia Primaria. ¡Podría resultarte muy alentador!

- Dale gracias a Dios por su amorosa disciplina y su búsqueda incesante de una sana relación contigo.

- Ruega por la posesión de un corazón dócil, que te permita estar dispuesto a arrepentirte y retornar a la comunión con el Señor tan pronto te percates de la existencia de áreas de rebelión y pecado en tu vida.

Entre sesiones

Reflexiones personales

Dios fue muy paciente con Israel. Por más de dos siglos, y a lo largo del reinado de diecinueve monarcas, siempre mantuvo su amor, su cuidado y su llamado a través de los profetas, a fin de que el pueblo retornara a la comunión con él. Finalmente, el Señor dijo: «¡Hasta aquí!», cumpliendo su plan de restaurar la comunión con la humanidad por medio del reino del sur, Judá. Reflexiona en la paciencia que ha tenido Dios contigo. Identifica los patrones reiterativos de pecado que hay en tu vida. Ora por la fuerza para visualizarlos y alejarte de ellos.

Acción personal

Dios te está llamado. No transfieras su llamada al contestador. Esta semana, siéntate calmado en oración y escucha al Señor, mantén papel y lápiz a la mano. Dirígele algunas preguntas sencillas y directas y toma nota de cualquier palabra que él ponga en tu corazón. Aquí tienes unas pocas preguntas para comenzar:

¿Qué has hecho para mostrar tu amor y paciencia conmigo? (Agradécele).

¿Qué conductas y actitudes mantengo en mi vida que no honran tu nombre? (Comprométete a realizar un cambio).

¿Cómo puedo prestarle una atención más cuidadosa a tu Palabra (la Biblia) y escuchar más atentamente cualquiera de las otras formas por las cuales me hablas? (Procura seguir el liderazgo del Señor... aun cuando sea difícil).

Lectura para la próxima sesión

Dedica un tiempo antes de la próxima reunión con tu grupo para leer el capítulo 16 de *La Historia*.

El principio del fin
(del reino de Israel)

Aun cuando las cosas lucen desesperanzadoras,
la oración será determinante. ¡Inténtalo!

Introducción

Cuando solo le restan diez minutos a un partido de básquetbol y uno de los equipos está siendo derrotado por treinta puntos, la gente comienza a abandonar el gimnasio debido a que es evidente que ya no queda nada por hacer. De igual forma, cuando un equipo de fútbol está perdiendo por tres goles y solo quedan dos minutos de juego, aun los más fanáticos de los seguidores se levantan de sus asientos y se dirigen a la salida a fin de evitar las aglomeraciones y obtener la ventaja en el tránsito vehicular.

Cuando un juego está muy cerrado y el resultado está todavía por decidirse, la gente permanece como atada a sus asientos. Nadie tiene idea de cómo puede todo concluir. Sin embargo, cuando uno de los equipos se inclina de forma definitiva a la victoria, la gente tiende a perder muy rápido el interés.

Lo que es una realidad en el mundo de los deportes también es evidente en las páginas de *La Historia*. En cierto momento, el reino del norte, Israel, estaba en tan malas condiciones, en un nivel de rebeldía tal, que la posibilidad de restauración ya no era viable. Haciendo uso de la analogía deportiva, aún quedaba tiempo en el cronómetro, pero los resultados ya eran obvios para cualquier observador. Por otra parte, el reino del sur, Judá, se anotaría un tanto cuando las cosas lucían totalmente desesperanzadoras. No obstante, en algunas ocasiones los jugadores de un equipo realizan una concentración pese a que todo indica que no hay posibilidad alguna de retomar el marcador.

Coméntalo

Cuenta sobre alguna oportunidad en que presenciabas una actividad deportiva que ya dabas por concluida y con un claro vencedor y el equipo que estaba siendo derrotado realizó un sorprendente retorno al juego.

Notas didácticas del DVD

Conforme observas el segmento en vídeo de la Sesión 16, haz uso del siguiente bosquejo y registra todo aquello que se destaca según tu criterio.

«¡No un rey, sino el Rey Jesús!»

El principio del fin para Israel, el reino del norte

El rey Ezequías: Uno de los reyes ejemplares del reino del sur

La proclamación de Isaías acerca del propósito de Dios

Discusión a partir del DVD

1. El capítulo 16 de *La Historia* cubre un período de más de doscientos años. El reino del norte, Israel, cayó ante los asirios en el año 722 a. C. y nunca más se oyó hablar de él. El reino del sur, Judá, cayó ante los babilonios en el año 586 a. C., pero fue sorprendentemente restaurado setenta años más tarde, cuando los exiliados regresaron de su cautiverio. ¿De qué forma se evidencia que la paciencia y el compromiso de Dios de atraer de nuevo a su pueblo se entretejen a través de estos dos siglos de historia?

> *A través de la Biblia, tanto en el Antiguo como en el Nuevo Testamentos, podemos ver una y otra vez que cuando colocamos a Dios en el trono de nuestras vidas, nos situamos en la mejor posición posible para alcanzar el éxito.*

2. Dios permitió que un ejército extranjero invadiera y derrotara a Israel (el reino del norte). ¿Por qué trajo este juicio sobre su propio pueblo y qué enseñanza te deja la reacción de Dios a la conducta de Israel (2 Reyes 17:1-14; *La Historia*, pp. **195-196**)?

3. Ezequías, rey de Judá, fue uno de los pocos gobernantes considerados «buenos» ante los ojos de Dios (2 Reyes 18-19; *La Historia*, pp. **196-199**). ¿Qué hizo Ezequías para agradar al Señor y qué podemos aprender de su ejemplo? ¿En qué sentido su oración contribuye a moldear la forma en la que puedes orar cuando los tiempos son difíciles?

4. La Biblia tiene mucho que decir acerca del orgullo. ¿Qué enseñanza en cuanto a dicho tema te ofrece el encuentro entre Asiria e Israel en este capítulo de *La Historia*?

   ¿Cuál sería una forma en la que podemos evitar el orgullo y desarrollar la humildad?

5. Aunque el reino del sur, Judá, descubre que algún día acabaría siendo prisionero de guerra bajo el puño de una nación extranjera, Dios también habla palabras de esperanza a través de su profeta (Isaías 14:1-5; 49; *La Historia*, pp. **202-203**). ¿Qué prometió el Señor y cómo crees que le dio continuidad a su plan para conseguir que su pueblo retornara a él?

6. La última y mayor esperanza para todo el pueblo de Dios, incluidos tú y yo, es la promesa del Mesías que vendría a liberarnos (Isaías 53; *La Historia*, pp. **204-205**). ¿Qué puedes aprender sobre Jesús, el Mesías prometido, a partir de esta profecía?

«¡No un rey, sino el Rey Jesús!»

¿En qué sentido ha sido Jesús aquel que traería vida, esperanza y sentido de significado?

7. Ezequías agradó a Dios limpiando espiritualmente la casa, deshaciéndose de los ídolos y acabando con todo signo de compromiso espiritual idólatra en su tierra. Analiza tu vida espiritual, ¿qué requerirías limpiar, cortar y aplastar para lograr caminar de un modo más íntimo con el Señor?

8. Cuando Jerusalén fue rodeada por la armada asiria y la situación era desesperante, Ezequías oró y las cosas cambiaron. ¿Qué situación enfrentas hoy que consideras demasiado grande, abrumadora o incluso sin esperanza y cuál quisieras que fuera la petición que los miembros de tu grupo realizaran unidos por ti?

9. Lee las Secciones 1-5 de *La Historia* (pp. **8-9** de esta guía del alumno). ¿En qué sentido tu viaje personal en la fe establece un paralelo con las secciones de *La Historia*?

Oración de clausura

Considera algunas de las siguientes ideas como punto de partida durante el tiempo de oración:

- Alaba a Jesucristo, el Mesías, aquel que trajo la esperanza a un mundo carente de ella.

- Pídele a Dios que te lleve a niveles más profundos en tu experiencia de oración e invita al Espíritu Santo a que te enseñe a orar con mayor entrega.

- Extiéndeles una mano a los miembros de tu grupo que se encuentren en situaciones difíciles y ruega que la presencia, el poder y el propósito de Dios sean concretados en sus vidas.

Entre sesiones

Reflexiones personales

Una y otra vez el pueblo de Israel permitió que la idolatría se infiltrara en sus vidas, sus hogares, su cultura e incluso sus prácticas de adoración. Parecían estar enceguecidos ante lo que hacían. Esta semana reflexionaremos en tu estilo de vida, tus elecciones, pasatiempos y relaciones afectivas. ¿Hay algo que se esté transformando para ti en un ídolo y esté dominando tu pasión y tu tiempo hasta el punto de no permitirte profundizar tu relación con Jesús? Si este es el caso, lee 2 Reyes 23:1-30, se trata del recuento de otro de los reyes fieles de Judá, el cual realizó denodados esfuerzos por erradicar la idolatría de su reino. Compara su pasión, celo y meticulosidad para que consideres cómo puedes asegurarte de que tu propia vida se vea libre de idolatría.

Acción personal

Cada día de la próxima semana, al despertar y justo antes de levantarte, realiza la siguiente declaración: «¡No un rey, sino el Rey Jesús!». Procura entonces vivir acorde a esta verdad cada día.

Lectura para la próxima sesión

Dedica un tiempo antes de la próxima reunión con tu grupo para leer el capítulo 17 de *La Historia*.

La caída del reino

¡Jeremías tenía buenas razones para llorar, pero Dios tiene la solución para limpiar las lágrimas!

Introducción

¿Alguna vez has estado viendo una película y ya cerca del final te has puesto a pensar que no es posible que acabe así, que tiene que haber algún giro inesperado?

Eso es precisamente lo que sucede en la clásica película *E. T., El Extraterrestre*. Ya cerca del final, el pequeño y simpático extraterrestre muere. Su brillante corazón deja de irradiar, su fulgurante dedo índice se oscurece y su alienígena piel se torna pálida. Nuestro goloso héroe está muerto.

Sin embargo, todos sabemos que eso no es posible. Es algo que percibimos. La historia no puede concluir así. Tiene que haber alguna sorpresa, alguna esperanza, algún giro o vuelta inesperada... ¡*tiene* que haberlo!

El capítulo 17 de *La Historia* contiene un momento similar. El reino del norte, Israel, desaparecería para siempre. El reino del sur, Judá, sería invadido por los babilonios y sus habitantes llevados cautivos. La ciudad de Jerusalén y el templo de Salomón acabarían destruidos.

Según vamos leyendo, pensamos: «¡Este no puede ser el final! Dios prometió restaurar la relación de su pueblo con él y completar su plan. ¿No habrá alguna sorpresa, giro, o viraje repentino? ¿Quedará aún alguna esperanza para el plan de Dios?».

Las respuestas a estas preguntas serán examinadas en el capítulo 19 de *La Historia* (¡pero no te apresures a buscarlo!).

Coméntalo

Cuenta sobre alguna ocasión en que hayas visto una película o leído un libro en que ya cerca del final se deducía que las cosas iban a acabar mal. ¿Cual fue el desenlace de la historia?

Notas didácticas del DVD

Conforme observas el segmento en vídeo de la Sesión 17, haz uso del siguiente bosquejo y registra todo aquello que se destaca según tu criterio.

Cómo llegó Israel a un punto de no retorno

La misión de Jeremías en la Historia Primaria

Ezequiel y Jeremías profetizan

El momento de mayor fulgor en un período oscuro de la historia… ¡aún hay esperanza!

Discusión a partir del DVD

1. En el segmento del DVD, Randy sostiene: «Por cuatrocientos años, Dios estuvo esperando con paciencia, advirtiéndole a su pueblo y dándole oportunidad tras oportunidad». ¿Por qué tuvo el Señor tanta paciencia con el pueblo de Israel a pesar de su rebeldía y pecaminosidad? ¿De qué manera has experimentado la extraordinaria paciencia de Dios en tu propia vida?

2. Explica qué deducirías de la magnífica e impactante visión de Dios que tuvo el profeta Ezequiel (Ezequiel 1, 2, 6; *La Historia*, pp. **210-212**) con respecto a los siguientes puntos:

   - La condición emocional de los corazones de la gente (la nación de Judá)

   - Las razones para el juicio venidero

   - Lo que yace en el futuro para Judá y Jerusalén

3. ¿En qué sentido la disciplina de Dios constituye el mayor regalo que él puede darles a sus hijos? ¿De qué maneras te ha disciplinado el Señor en tu viaje de fe y cómo su amorosa enseñanza te ha ayudado a crecer?

> *El pueblo de Dios nunca recibe un período de disciplina verdadera, firme y amorosa sin que esté seguido de la gracia divina. Eso fue lo que le sucedió a Judá y es lo mismo que nos sucede a nosotros.*

4. Luego de que Jerusalén cayera y los babilonios destruyeran por completo a la nación de Judá, Jeremías registró lo que vio y sintió (Lamentaciones 1—5; *La Historia*, pp. **218-219**). ¿Qué escribió que parece indicar que la situación era desesperada e irremediable? ¿Qué escribió que sugiere un sentimiento de esperanza en que a pesar de todo el plan de Dios sería consumado?

5. Cuando Dios llamó a Jeremías a su servicio, le aseguró que su plan había entrado en vigor desde que Jeremías estaba en el vientre de su madre. En el Nuevo Testamento percibimos que Dios tiene un plan para cada uno de nosotros, sus discípulos. ¿De qué manera te ha dotado el Señor y llamado a su servicio y cómo estás respondiendo a ese llamado? ¿En qué dirección deberían orar por ti los miembros de tu grupo y darte ánimo mientras procuras seguir a Dios con mayor fidelidad y pasión?

> «*Porque somos hechura de Dios, creados en Cristo Jesús para buenas obras, las cuales Dios dispuso de antemano a fin de que las pongamos en práctica*» (Efesios 2:10).

6. Al igual que ha sucedido con muchas de las personas a las que el Señor ha convocado (tanto en la Biblia como en el presente) Jeremías tenía un listado de excusas. ¿Qué pretextos utilizamos para intentar evadir el llamado de Dios? ¿Cómo podemos animarnos unos a otros a dejar de excusarnos y seguir valientemente el liderazgo del Señor?

7. Durante una de las temporadas más desesperanzadoras de la historia bíblica, el profeta Ezequiel señaló hacia un tiempo futuro en que el final de la historia sería reescrito (Ezequiel 36:1—37:14; *La Historia*, pp. **220-221**). ¿De qué forma las palabras de Ezequiel brindan esperanza cuando se tiene la sensación de que la historia ha tocado a su fin?

8. Pronúnciate con respecto a la siguiente declaración: «En el contrato de trabajo de Dios no se nos pide tener éxito (según los estándares del mundo), sino ser fieles. El éxito está basado en la fidelidad al Señor [...] ¡no en los resultados!». ¿Cuál sería una forma en la que puedes serle más fiel a Dios en las semanas siguientes? ¿Cómo podrían motivarte los miembros de tu equipo en este esfuerzo?

9. Lee la Sección 3 de *La Historia* (p. **9** de esta guía del alumno). Si alguno de los miembros de tu grupo ha memorizado el breve enunciado que describe el tema esencial de esta sección, permítele citarlo y comentar con respecto a lo que Dios le enseñó mientras se comprometía a memorizar tal declaración.

Oración de clausura

Considera algunas de las siguientes ideas como punto de partida durante el tiempo de oración:

- Agradécele a Dios porque él es el único dador de esperanza, incluso en aquellos momentos en que parece que ya no queda nada más por hacer.

- Pídele al Señor que le hable a tu corazón mientras lees a los profetas. Si existen en ti áreas de resistencia o rebelión, invita al poder de convicción de la Palabra de Dios para que acabe con ellas y disponga tu corazón a buscar el arrepentimiento.

- Ezequiel expresa el deseo de Dios de que todas las naciones sepan que él es el Señor soberano. Pídele al Señor que tu vida constituya una señal indicadora de su poder, presencia, amor y soberanía.

Entre sesiones

Reflexiones personales

Jeremías sabía que Dios tenía un plan para él, incluso desde que estaba en el vientre de su madre. El apóstol Pablo les aseguró a los creyentes que Dios ha preparado para cada uno de nosotros un trabajo importante que realizar. En las semanas por venir, ruégale al Señor que te ayude a comprender sus planes para tu vida. ¡Si existe alguna acción, compromiso o aventura a los que te has estado resistiendo, ríndete y sigue su liderazgo!

Acción personal

Ezequías, al igual que Josías, tuvo hijos infieles. Este mismo patrón se evidencia a lo largo de *La Historia* con algunos de los líderes más prominentes, incluyendo a Elí y Samuel. Identifica a jóvenes y adultos de tu propia familia que se hayan apartado de Dios. Ora por ellos. Si es posible, considera llamarlos, enviarles una nota de ánimo o pasar tiempo con ellos. Pídele al Señor que te use para extender su mensaje de gracia.

Lectura para la próxima sesión

Dedica un tiempo antes de la próxima reunión con tu grupo para leer el capítulo 18 de *La Historia*.

Daniel en el exilio

Ha sido dicho: «La medida de tu integridad se da por lo que haces cuando nadie te mira».

Introducción

La Historia presenta una sorprendente variedad de personas extraordinariamente íntegras, y algunas otras que al parecer no lo fueron en lo absoluto. Recordemos al joven José (en el capítulo 3) vendido como esclavo por sus propios hermanos y hecho prisionero en una tierra extranjera. Lejos de su hogar, sin familiares o amigos que lo animaran o reprendieran, José llevó una vida sorprendentemente íntegra. Resistió la tentación aun cuando nadie hubiera podido enterarse de su pecado, nadie... excepto Dios.

Aquí, en el capítulo 18, nos encontramos con cuatro jóvenes procedentes de Judá que habían sido desterrados a la ciudad capital de sus más acérrimos enemigos. Se encontraban en un lugar donde «nadie más podía mirar lo que hacían». Podían haberse puesto de acuerdo y desviar sus conductas y nadie se hubiera enterado, nadie... excepto Dios.

La integridad puede ser vista como un valor pasado de moda en el mundo moderno. Todos los días se nos presenta la oportunidad de hacer pequeñas concesiones. En realidad, nuestra cultura invita y promueve tales acuerdos:

«No te van a atrapar».

«No es ningún problema... al fin y al cabo todo el mundo lo hace».

«Es el precio de hacer negocios».

«Relájate; nadie se preocupa por eso, ¿porqué habrías de hacerlo tú?».

«¡Nadie se enterará jamás!»

Entonces escuchamos aquella misma vocecita que le habló a José en la prisión y a Daniel y sus tres amigos en el destierro. «Puedo verte, me preocupo por ti, te amo. Permanece firme».

Coméntalo

En nuestra cultura claman todo tipo de voces invitándonos a poner en peligro nuestra fe. ¿Cuáles son algunos de estos mensajes?

Notas didácticas del DVD

Conforme observas el segmento en vídeo de la Sesión 18, haz uso del siguiente bosquejo y registra todo aquello que se destaca según tu criterio.

En la Historia Secundaria, Daniel se encuentra lejos del hogar

El rey Nabucodonosor ordena realizar una prueba con fuego

Daniel en el foso de los leones

En la Historia Primaria, nos encontramos lejos del hogar

Discusión a partir del DVD

1. Cuando Daniel y sus amigos fueron hechos prisioneros de guerra, se les presionó a realizar muchos cambios como parte de su proceso de «entrenamiento» (Daniel 1; *La Historia*, pp. **223-224**). ¿Qué concesiones estuvieron dispuestos ellos a hacer y ante cuáles marcaron un límite y dieron un no rotundo? ¿Por qué consideras que establecieron tales límites?

   ¿Cuál sería el ejemplo de una situación en la que hayas tenido que decir: «Aquí pongo mis límites y no los voy a cruzar»? ¿Qué aconteció a medida que realizabas tal afirmación y conservabas tu integridad intacta?

> *«Queridos hermanos, les ruego como a extranjeros y peregrinos en este mundo, que se aparten de los deseos pecaminosos que combaten contra la vida. Mantengan entre los incrédulos una conducta tan ejemplar que, aunque los acusen de hacer el mal, ellos observen las buenas obras de ustedes y glorifiquen a Dios en el día de la salvación» (1 Pedro 2:11-12).*

2. Cuando Daniel escuchó la aparentemente imposible solicitud del rey (Daniel 2:1-18; *La Historia*, pp. **224-225**) les pidió a sus tres amigos orar y buscar juntos el rostro de Dios. ¿Por qué razón la oración constituye la respuesta correcta en este momento crítico de la historia de Daniel? ¿Qué situación enfrentas en el presente que requiera de oración y cómo pueden apoyarte en ese sentido los miembros de tu grupo?

3. Luego de que Dios respondiera a las oraciones de Daniel y sus amigos, él elevó una asombrosa oración de alabanza (Daniel 2:20-23; *La Historia*, pp. **225-226**). ¿Qué enseñanza te deja la comprensión del Señor manifestada en la oración de Daniel y en qué sentido podría moldear la forma en que oras?

4. Conforme Daniel explicaba el sueño del rey y daba su interpretación, ponía cuidado en no tomar el crédito para sí, sino en otorgarle toda la gloria al Señor (Daniel 2:27-30; *La Historia*, p. **226**). ¿De qué formas podemos vernos tentados a atribuirnos el crédito por lo que Dios hace? ¿Cómo podemos hacer para evitar este proceder y otorgarle el reconocimiento al Señor?

5. Sadrac, Mesac y Abednego se enfrentaron cara a cara con el rey Nabucodonosor y le hicieron saber que, aun a costa de sus propias vidas, no se inclinarían ante ninguna estatua ni cometerían un acto de idolatría. ¿De dónde proviene semejante acto de fortaleza e integridad? Comenta sobre alguna situación en que enfrentaste (o enfrentas) una verdadera presión para comprometer las verdades bíblicas.

6. Cuando Sadrac, Mesac y Abednego se encontraban en el horno, descubrieron que no estaban solos (Daniel 3:25; *La Historia*, p. **229**). Describe un momento análogo en tu vida en el que Dios se te haya manifestado de forma muy personal y poderosa.

7. ¿Cuáles fueron algunas de las formas en que Dios operó en su Historia Primaria pese a las luchas, la persecución y la opresión experimentadas por Daniel en su Historia Secundaria? ¿Por qué es tan importante que nos detengamos ocasionalmente a tomar nota de la forma en que Dios está operando en la Historia Primaria de nuestras propias vidas?

> *En la Historia Secundaria, el rey arrojó a Daniel en el foso de los leones por no inclinarse ante él; en la Historia Primaria, el Rey de reyes cerró las fauces de los leones porque Daniel no se había inclinado ante nadie más que él.*

8. Es en los sitios más oscuros donde la luz brilla con mayor intensidad. ¿De qué formas podemos ser parte de nuestra cultura sin ver comprometidos nuestros principios? ¿Por qué razón es valioso, e incluso esencial, que los cristianos comprendamos y actuemos dentro de nuestras culturas (sin sobrepasar nuestros límites de compromiso) si pretendemos llevar el mensaje y el amor de Jesús a este mundo? ¿Cuál podría ser un lugar en el que Dios quisiera hacer brillar su luz a través de ti?

9. Lee la Sección 4 de *La Historia* (p. 9 de esta guía del alumno). ¿En qué sentido la relación con tu iglesia local te ha acercado más a Jesús y sensibilizado con su plan de alcanzar a todas las personas con su amor?

Oración de clausura

Considera algunas de las siguientes ideas como punto de partida durante el tiempo de oración:

- Presenta ante el Señor las necesidades y situaciones expresadas por los miembros de tu grupo en la pregunta de discusión 2.

- Ora por fortaleza para permanecer firme en la fe, incluso cuando la cultura y las personas a tu alrededor te presionen y quieran comprometer tus convicciones.

- Agradécele a Dios por estar contigo incluso en los momentos de mayores retos y pruebas de tu vida.

Entre sesiones

Reflexiones personales

Sadrac, Mesac y Abednego afirmaron audazmente que primero estarían dispuestos a morir que inclinarse ante un ídolo. Piensa en algunas situaciones de mucha presión en tu vida en las cuales te has sentido tentado a transigir. Pídele a Dios que te permita mantener un compromiso ferviente de santidad y una vida íntegra. Por tu parte, prepárate para resistir sin importar lo que puedas tener que enfrentar.

Acción personal

Daniel, Sadrac, Mesac y Abednego contaban cada uno con el otro. A pesar de ser prisioneros de guerra, esta pequeña comunidad de fieles amigos podía unirse en oración y obediencia. Date a la tarea de edificar este tipo de compañerismo en tu vida. Si ya lo tienes, procura fortalecerlo de forma intencional. Y si ese no fuera el caso, comienza a orar ahora mismo y busca personas íntegras que puedan convertirse en tus amigos y mentores a largo plazo.

Lectura para la próxima sesión

Dedica un tiempo antes de la próxima reunión con tu grupo para leer el capítulo 19 de *La Historia*.

El retorno a casa

*En ocasiones, cuando la esperanza parece muerta y la oscuridad
de la noche se cierra con fuerza en contra nuestra, Dios está
próximo a hacer algo realmente extraordinario.*

Introducción

¿Recuerdas la introducción de la Sesión 17 acerca de cómo algunas películas provocan la impresión de que van a tener un mal final? Cerca de la conclusión del mencionado clásico infantil *E. T.*, el heroico extraterrestre fallece. Su fulgurante dedo deja de brillar y su cuerpo se torna pálido y carente de vida.

Los espectadores, conmocionados, se quedan esperando que algo suceda. Las cosas no pueden acabar así. «¡Despierta E. T.! ¡Levántate!» Finalmente, y al compás de un crescendo musical, retorna la esperanza. ¡E. T. está vivo! Él ha logrado comunicarse con los suyos. Sus amigos están llegando. E. T. resplandece de nuevo. El suspenso de la película, aunque es tan solo de algunos minutos, parece nunca acabar.

En *La Historia*, el pueblo de Israel no esperó su «resurrección» del exilio durante algunos segundos, minutos, horas o días. La esperanza no regresó en semanas, unos pocos meses o una década. El pueblo del Señor tuvo que esperar durante setenta años… ¡casi dos generaciones!

Por fin, se reinició el plan de Dios de traer a su pueblo de regreso a él. El Señor levantó profetas y líderes que lo amaban y resplandecían con su santa presencia. La audacia se respiraba en el pueblo y volvió la esperanza. Este era el tan largamente esperado momento en que el pueblo de Israel retornaría a la tierra prometida, reconstruiría la ciudad de Jerusalén y experimentaría la gracia de Dios de la forma en que lo había anhelado a lo largo de todas sus décadas de exilio.

Coméntalo

Narra alguna experiencia en la que hayas tenido que esperar un tiempo prolongado por una acción de Dios o su respuesta a una oración. ¿Cómo percibiste a Dios durante el período de espera y en el momento en que por fin te respondió?

Notas didácticas del DVD

Conforme observas el segmento en vídeo de la Sesión 19, haz uso del siguiente bosquejo y registra todo aquello que se destaca según tu criterio.

El regreso a casa

El templo como ayuda para la enseñanza divina

Desviados

Reflexiona en tu proceder

Discusión a partir del DVD

1. En este segmento en DVD de la sesión, Randy destaca que Dios estaba «manejando algunos hilos en la Historia Primaria» (al ubicar a Ciro en el trono) con el fin de poder realizar cambios en la Historia Secundaria (liberar a los expatriados). Da un ejemplo de alguna ocasión en tu vida en la que sabías que Dios estaba operando en la Historia Primaria con el fin de conseguir algo en tu propia Historia Secundaria.

2. Randy habló sobre cómo los grandes intereses de Dios pueden tornarse insignificantes si no somos cuidadosos. Cuando esto acontece, nos desviamos del camino. ¿Cuáles son algunos ejemplos de cómo estos asuntos relevantes al Señor pueden llegan a convertirse en pequeños intereses nuestros? ¿Qué podemos hacer para asegurarnos de que en realidad procuramos mantener los grandes intereses de Dios como prioridad en nuestros corazones y nuestra vida?

> *Reflexiona en tu proceder. Evalúa tus prioridades. Considera tus estrategias. «¿Constituye el gran asunto de Dios mi propio gran asunto?»*

3. Los israelitas enfrentaron resistencia cuando comenzaron a trabajar en los cimientos del templo (Esdras 4; *La Historia*, p. **237**). ¿A qué clase de conflicto y oposición tuvieron que hacerles frente? ¿Que tipo de resistencia enfrentamos cuando nos proponemos acatar la voluntad de Dios con todo nuestro corazón?

4. Con el tiempo, el pueblo se distrajo en su propósito de reconstruir el templo de Dios y tuvieron que pasar dieciséis años antes de que reanudaran la obra (Hageo 1; *La Historia*, pp. **238-239**). ¿Qué los llevó a postergar el trabajo y qué los estimuló a reiniciarlo?

¿Cuáles son algunas de las consecuencias que enfrentamos cuando optamos por ocuparnos de nuestras cosas y nos olvidamos de seguir el plan de Dios para nuestra vida?

> *Cuando nada logra saciar nuestra sed más agobiante, cuando nada logra aplacar nuestra hambre más irresistible, cuando las sequías tornan nuestros campos en desiertos y nuestras jubilaciones en algo carente de valor, ¿qué podemos hacer? La respuesta de Dios es precisa. «Medita profundamente en tu proceder».*

5. ¿Qué promesa le hizo Dios a su pueblo si ellos continuaban adelante con su labor (Hageo 2; *La Historia*, pp. **239-240**)? ¿De qué forma este pasaje te brinda esperanza e inspiración para seguir obedientemente el liderazgo del Señor?

6. El final de este capítulo de *La Historia* nos ofrece un atisbo del debate político que tuvo lugar tras bastidores. El gobernante de la región quería que las personas detuvieran la obra y las acusaba de no tener permiso para la construcción. Sin embargo, después de la comunicación con el rey de Babilonia, todo cambió... y no dejes de tener presente que no existían teléfonos ni correo electrónico (Esdras 5—6; *La Historia*, pp. **243-246**). ¿De qué forma Dios invirtió los papeles e hizo provisión para el templo? ¿De qué manera observas de nuevo a la Historia Primaria irrumpiendo en la Historia Secundaria?

7. Dios convocó a su pueblo a la acción por medio de profetas como Hageo, que les indicó subir a las colinas, recoger madera e iniciar la construcción... ¡cosas muy prácticas! ¿Cuál es el paso siguiente que necesitas dar para comenzar a «recoger tu propia madera» y edificar conforme al plan de Dios para tu vida? ¿Cómo pueden los miembros de tu grupo animarte y orar por ti a medida que das este paso?

8. Lee la Sección 5 de *La Historia* (p. **9** de esta guía del alumno). ¿Cómo desarrolla Dios su historia en esta parte y cómo se relaciona con la tuya?

Oración de clausura

Considera algunas de las siguientes ideas como punto de partida durante el tiempo de oración:

- Confiesa las ocasiones en las que puedas haber hecho de los grandes intereses de Dios una preocupación secundaria.

- Ora por fortaleza a fin de seguir la voluntad del Señor para tu vida cueste lo que cueste.

- Pídele a Dios que resida justo en medio de tu vida con una intensidad tal que el mundo pueda verlo viviendo en ti.

Entre sesiones

Reflexiones personales

Hageo llamó al pueblo a que «reflexionara sobre su proceder», a que despertara a la realidad de que Dios no los estaba bendiciendo por no seguir en pos de él. Durante la próxima semana, medita con cuidado sobre la forma en la que procedes. Reflexiona en las siguientes preguntas:

¿Constituyen los grandes intereses de Dios mis propios grandes intereses?

¿Estoy construyendo mi propia casa o la casa del Señor?

¿Están mis prioridades ordenadas de forma adecuada?

¿Qué puedo hacer para asegurarme de que Dios es lo primero en mi corazón, mi tiempo y mis acciones?

Acción personal

Hageo convocó al pueblo a subir a los cerros para recolectar madera (los suministros que se requerirían para la construcción del templo). Dedica unos pocos minutos a hacer una lista de algunas cosas que tú también necesites «recolectar» con el fin de poder servirle a Dios con todo tu corazón. Podría tratarse de cosas como una nueva actitud, modificar tu horario, un corazón más sensible o un estilo de vida más generoso. Procede entonces a comprometerte a llevar a cabo esa «recolección» para que así puedas edificar un futuro nuevo con el Señor en el centro de tu vida.

Lectura para la próxima sesión

Dedica un tiempo antes de la próxima reunión con tu grupo para leer el capítulo 20 de *La Historia*.

La reina de belleza y valor

Dios está cerca, presente y obrando… aun cuando no lo podamos ver.

Introducción

Quizá recuerdes o hayas escuchado hablar del fenómeno caricaturesco conocido como *¿Dónde está Wally?* o *¿Dónde está Waldo?* Se trata de uno de esos juegos que consiste en encontrar en un dibujo a un personaje escondido en medio de una multitud. En la serie de libros que se publicaron sobre el personaje aparecía una aglomeración de individuos, cada uno de ellos ocupado en sus propios asuntos y en un ambiente particular: el zoológico, el museo o la playa. Y en algún lugar en medio del gentío estaba Waldo. Si observabas con cuidado las ilustraciones y las estudiabas por suficiente tiempo, finalmente podías localizar la distintiva silueta del personaje: camiseta con franjas blancas y rojas, pantalón azul, zapatos color café, un gorro con pompón, y un peinado y gafas inconfundibles.

Con el tiempo, la búsqueda de este ridículo personaje se convirtió en una moda internacional. El pueblo islandés buscaba a Valli, los noruegos escudriñaban las páginas a la caza de Willy, los franceses rastreaban a Charlie, y en hebreo, la gente jugaba a *¿Dónde está Efi?* La diversión de los libros radicaba en el proceso de búsqueda y el posterior hallazgo de Waldo.

De manera similar, a medida que leemos cada capítulo de *La Historia*, descubrimos que Dios está en cada página, trabajando en cada momento y presente todo el tiempo… incluso cuando resulta difícil percibirlo. El capítulo 20 narra la historia de Ester. Este libro de la Biblia es único debido a que en todo el texto de este relato el nombre de Dios no aparece ni siquiera una vez.

Ester y su pueblo enfrentaron una terrible amenaza en un país extranjero. La historia es una saga de persecución, conflictos, un enemigo despiadado, giros, regiros y una posterior reivindicación. Sin embargo, a pesar de la aparente ausencia de Dios, él se halla presente por todas partes en esta historia. Lo mismo es cierto en nuestra historia hoy… aun cuando no lo podamos advertir.

Coméntalo

Los libros como *¿Dónde está Wally?* (o *¿Dónde está Waldo?*) y los juegos como «las escondidas» son muy divertidos. No obstante, en esta ocasión, comenta sobre alguna oportunidad en la que realmente se te extravió una persona (o te perdiste tú mismo) y lo que representó volverla a encontrar (o que tú volvieras a encontrar el camino).

Notas didácticas del DVD

Conforme observas el segmento en vídeo de la Sesión 20, haz uso del siguiente bosquejo y registra todo aquello que se destaca según tu criterio.

El trasfondo de la historia de Ester y por qué Amán aborrecía a los judíos

Conspiración contra los judíos y un edicto de muerte irreversible

Cuando parece no quedar esperanza en la Historia Secundaria, Dios aún está escribiendo en la Historia Primaria

Ester entra en escena «para un momento como éste»

Discusión a partir del DVD

1. ¿Cuáles fueron algunas de las leyes y patrones culturales que entraron en escena en este capítulo de *La Historia* (para Vasti, Amán y los judíos) y por qué es tan importante para los creyentes de hoy en día comprender nuestra cultura en tanto procuramos ser un reflejo de la presencia de Dios y mensajeros de su gracia?

2. ¿Qué impulsa a una persona como Amán y de qué forma has tenido tú mismo que sortear una relación con una persona que tuviera algunas de sus mismas motivaciones? ¿Qué palabra de sabiduría le darías a un cristiano que se viera obligado a trabajar, vivir y coexistir junto a un individuo con una personalidad similar a la de Amán?

> Amán tiró el dado, pero Dios determinó de qué forma este caería.

3. ¿Qué características marcaron la vida y la conducta de Mardoqueo? ¿Qué pasos podemos dar para desarrollar un carácter como el de Mardoqueo a medida que procuramos seguir la Historia Primaria de Dios en la Historia Secundaria de nuestra vida?

4. ¿Qué te impacta a lo largo de todo este capítulo en cuanto al personaje de Ester, su forma de relacionarse con la gente y los riesgos que asume? ¿Qué podemos aprender y qué ganancia obtenemos de su ejemplo?

5. Con el tiempo, una inversión grandiosa y radical de papeles aconteció para Amán y Mardoqueo (Ester 5—7; *La Historia*, pp. **253-256**). ¿De qué forma ves obrar la mano del Señor para incluir el plan de su Historia Primaria dentro de los planes y conspiraciones de Amán en la Historia Secundaria?

Comenta sobre alguna oportunidad en la que te enfrentaste con una situación que parecía sin esperanza (desde la perspectiva humana de la Historia Secundaria) y que Dios revirtió de forma milagrosa. ¿Qué contribuyó a que pudieras ver la presencia y el poder activo del Señor mientras atravesabas por esa situación?

6. En uno de los momentos épicos de *La Historia*, Ester decide en su corazón acercarse al rey, revelarle su nacionalidad y suplicarle por su pueblo a pesar del riesgo que tal acción conllevaba. Ella había arribado a una conclusión y tomado una decisión: «¡Y si perezco, que perezca!». Los cristianos son llamados a «llevar la cruz cada día» y seguir a Jesús (Lucas 9:23). ¿Qué riesgo está llamándote Dios a asumir por él y de qué forma pueden los miembros de tu grupo permanecer contigo mientras vas en pos del liderazgo del Señor?

7. Una de las lecciones de la historia de Ester es que ya sea con nuestra participación, o sin ella, Dios siempre concreta su voluntad (Ester 4:12-14; *La Historia*, pp. **252-253**). Habla sobre alguna ocasión en la que entraste en la historia de Dios y llegaste a ser parte de su plan o de alguna vez en que optaste por retirarte y te perdiste la oportunidad de ser parte de su historia.

> *Dios quiere que nos pongamos de pie con valentía para apoyar todo aquello que es correcto, al igual que lo hizo Ester. Nosotros también tenemos que entender que fuimos llamados «para un momento como éste» a fin de llevar a cabo el plan de Dios.*

8. Al final de este capítulo leemos que Dios no eliminó el riesgo de ataque sobre los judíos, sin embargo, les dio la posibilidad de contraatacar y defenderse. ¿Qué batalla (en contra de la cultura, los sistemas del mundo o alguna clase de mal) te está llamando el Señor a pelear? ¿Cómo deberían orar por ti y ayudarte a pelear la batalla los miembros de tu grupo?

9. Lee las Secciones 1-5 de *La Historia* (pp. **8-9** de esta guía del alumno). ¿Cómo se conduce Dios dentro de la Historia Secundaria en cada una de estas secciones?

Oración de clausura

Considera algunas de las siguientes ideas como punto de partida durante el tiempo de oración:

- Agradécele a Dios por estar presente en cada página de tu vida, aun cuando no puedas advertir su presencia.

- Pídele discernimiento para percibir cuándo el Señor te está colocando en un lugar particular y en un momento específico a fin de realizar un trabajo para él. Déjale saber a Dios que estás preparado y dispuesto a seguirle.

- Ora por valor para constituirte en representante de Dios cuando te enfrentas a situaciones impulsadas por la codicia y la maldad de este mundo.

Entre sesiones

Reflexiones personales

Juega tu propia versión personal de *¿Dónde está Wally?* o *¿Dónde está Waldo?* Retrocede en las páginas de tu memoria a diferentes períodos de tu vida e identifica en ellos las ocasiones en las que el Señor estuvo presente y obrando. Observa con cuidado, reconoce la obra de Dios y dale las gracias.

Cuando fuiste un niñito o una niñita
Durante los años de la secundaria
Durante tus años como joven adulto
En el transcurso del año pasado

Acción personal

Durante esta semana reconoce a alguna persona que haya sido un «Mardoqueo» para ti. Puede tratarse de un familiar, amigo, líder de tu iglesia o cualquier otra persona que te haya ofrecido sabiduría y guía espiritual en alguna etapa de tu vida. Luego de ello, has tres cosas. Primero, eleva una oración y dale gracias al Señor por haber puesto a esta persona en tu camino. En segundo lugar, escríbele, envíale un correo electrónico o llámala y exprésale tu aprecio. Y por último, cuéntale a alguien más sobre la influencia espiritual de esta persona.

Lectura para la próxima sesión

Dedica un tiempo antes de la próxima reunión con tu grupo para leer el capítulo 21 de *La Historia*.

Se reconstruyen los muros

Con frecuencia, cuando Dios desea que algo sea hecho, nos convoca a trabajar unidos y lado a lado junto a él.

Introducción

Regresando al capítulo 1 de *La Historia*, vemos que Dios creó los cielos y la tierra. Él puso a Adán y Eva en el jardín y los instruyó para que trabajaran la tierra y disfrutaran del fruto de sus esfuerzos. Medita un momento en esto: antes de que el pecado o la rebelión existieran en el mundo, Dios le asignó trabajo a sus hijos. En el perfecto paraíso, Adán y Eva no iban a pasar simplemente el rato sin nada que hacer, sino que tenían el gozo y el privilegio de poder trabajar.

En el capítulo 21 de *La Historia*, podemos observar cómo Dios mantiene vigente la norma de convocar a su pueblo a una fructífera labor. En esta ocasión los llama a reconstruir el templo y restablecer el culto bajo el liderazgo de Esdras. Mediante su esforzado trabajo, Dios les proveyó un hermoso lugar donde podían reunirse y adorar.

De forma similar, el Señor llamó a Nehemías para que liderara a su pueblo en un masivo proyecto de construcción encaminado a restaurar las murallas que circundaban la ciudad y colocar los portones de nuevo en sus goznes. Este trabajo demandó una resistencia fuerte y tenaz y requirió gran coraje y energía física.

Sin embargo, lo más importante de todo es que Dios quería que su pueblo trabajara en forjar una relación con él, y como en el caso de cualquier otra relación, esta también demandaría tiempo y esfuerzo. En realidad, a todo lo largo de *La Historia*, el Señor procura traer de regreso a su pueblo para que sostenga un vínculo íntimo y saludable con él.

Coméntalo

Habla sobre tu primer trabajo o acerca de algún otro momento de tu vida en el que descubriste que algunas cosas requieren realizar una labor tan esforzada como la que se hacía en la antigüedad.

Notas didácticas del DVD

Conforme observas el segmento en vídeo de la Sesión 21, haz uso del siguiente bosquejo y registra todo aquello que se destaca según tu criterio.

Tres proyectos de construcción

Escuchar la Palabra de Dios

Obedecer la Palabra de Dios

Malaquías tiene la última palabra

Discusión a partir del DVD

1. Esdras se dedicó a estudiar la Palabra de Dios y seguir sus enseñanzas (Esdras 7:1-10; *La Historia*, pp. **261-262**). ¿De qué forma se comprometió con las Escrituras a fin de que ellas le dieran forma a su vida y ministerio?

   ¿Por qué es tan importante que vayamos más allá de simplemente conocer el contenido de la Biblia y que procedamos a obedecer sus enseñanzas?

2. Randy realizó la observación de que Dios llama a su pueblo a todo lo largo de *La Historia* a: (1) reenfocarse en él; (2) volver a centrarse en el plan divino para sus vidas; (3) recordar quién es Dios; y (4) reconstruir su relación con él. Comenta sobre lo que has aprendido durante las pasadas veinte semanas sobre algunos de estos cuatro temas.

3. Dios obró por medio del rey Artajerjes para enviar a los expatriados de regreso a Jerusalén con el fin de que reconstruyeran el templo y restablecieran el culto (Esdras 7:11-28; *La Historia*, pp. **262-263**). ¿De qué formas has visto a Dios hacer uso de personas y circunstancias inesperadas con el propósito de concretar su voluntad en este mundo?

4. Nehemías fue un hombre de oración (Nehemías 1, 4, 6; *La Historia*, pp. **264-268**). ¿Qué situaciones condujeron a Nehemías a orar y qué podemos aprender de su ejemplo?

5. Nehemías no se limitó a orar, sino que también trabajó arduamente. ¿Cómo percibes este equilibrio en su vida? ¿Qué peligro encierra orar intensamente y no trabajar en igual medida? ¿Cuáles pueden ser algunas de las consecuencias de trabajar con tenacidad y olvidarse de orar?

6. Conforme las personas buscan restablecer su relación con Dios, tienden a tornarse muy serias en lo que respecta a la lectura de la Biblia. En ocasionen cuentan incluso con un grupo de personas que les ayudan a entender el significado de la Palabra de Dios. ¿De qué forma podemos contribuir con la siguiente generación para que conozca, ame y siga las enseñanzas de la Biblia (tanto en nuestros hogares como en las iglesias)?

> *La Biblia no consta de cien pinturas antiguas y sin relación, sino de un mural entretejido que habla sobre el gran amor de Dios por nosotros y hasta dónde él es capaz de llegar para traernos de regreso a su redil.*

7. Malaquías fue el último de los profetas del Antiguo Testamento y de esta parte de *La Historia*. Él incitó al pueblo a que le diera las primicias y todo lo mejor al Señor, no los sobrantes y las migajas (Malaquías 1:6-10; 3:6-12; *La Historia*, pp. **270-272**). ¿Cuáles son algunas de las formas en las

que terminamos dándole a Dios lo que nos sobra antes que lo primero y lo mejor?

¿Por qué es tan importante que le demos al Señor las primicias y todo lo mejor que tenemos? ¿Cuáles serían algunos ejemplos de la forma en que podemos llevar a cabo esta acción?

8. Cuando el pueblo de Dios escuchó la lectura y la explicación de la Palabra del Señor, fue impelido a actuar. En este caso, restituyeron la fiesta de los Tabernáculos. Comenta sobre alguna ocasión en la que leíste la Biblia y fuiste motivado a actuar con rapidez partiendo de la enseñanza que recibiste de Dios.

> Obedecer a la Palabra de
> Dios y alinear nuestras vidas
> conforme a su plan trae un gozo
> incomparable a nuestra vida.

9. Lee las Secciones 1-5 de *La Historia* (pp. **8-9** de esta guía del alumno). ¿De qué forma se interconectan estas cinco secciones para revelarnos el amor que Dios tiene por nosotros?

Oración de clausura

Considera algunas de las siguientes ideas como punto de partida durante el tiempo de oración:

- Agradécele a Dios por la disponibilidad y la accesibilidad de la Biblia en nuestros días, orando que puedas aprender a amarla y dedicar un tiempo para estudiarla con regularidad.

- Pídele a Dios que te lleve a mantener una conversación natural con él y a orar con frecuencia conforme te vas enfrentando con los retos de la vida diaria.

- Ruégale al Señor que te ayude a establecer un equilibrio saludable entre tu oración implorando su ayuda y el trabajo tenaz que te corresponde hacer por tu parte.

Entre sesiones

Reflexiones personales

Malaquías reprendió al pueblo por ofrecer animales enfermos como ofrenda a Dios y señaló que sus líderes políticos jamás tolerarían regalos tan inapropiados. Reflexiona en torno a tus propios patrones de ofrenda y pregúntate:

¿Estoy ofreciéndole al Señor mis primicias y todo lo mejor?

¿Pudiera estar de alguna manera ofreciéndole únicamente los sobrantes a Dios?

¿Cómo puedo aprender a ofrendar con mayor gozo y compromiso?

¿Estaré robándole de alguna forma al Señor al guardar para mí lo que con toda razón le pertenece?

Acción personal

Nehemías le recordó al pueblo de Israel la importancia de celebrar y festejar juntos. Planea una comida con algunos de tus amigos cristianos con el propósito expreso de regocijarse en la bondad de Dios. Lee una porción de este capítulo de *La Historia* (Nehemías 8:1-12; *La Historia*, pp. **269-270**) y permite que la conversación en la mesa se centre en las bondades Dios y por qué él es digno de que lo alabemos y adoremos.

Lectura para la próxima sesión

Dedica un tiempo antes de la próxima reunión con tu grupo para leer el capítulo 22 de *La Historia*.

El nacimiento de un rey

El viaje puede ser toda una aventura, y deberíamos disfrutarlo. ¡Sin embargo, seamos honestos, hay algo bueno con que finalmente acabe!

Introducción

Turistas de todos los rincones de los Estados Unidos y el resto del mundo visitan el Gran Cañón en Arizona con el fin de recrear sus ojos observando una de las maravillas naturales más impresionantes sobre la faz del planeta.

Lo que sucede con el Gran Cañón es que las fotografías y los vídeos simplemente son incapaces de hacerle justicia a su grandeza. Los visitantes pueden intentar describirlo y los artistas pintar sus cuadros, sin embargo, nada es comparable con impregnarse de la belleza y la impresionante majestad de sus entornos.

Si alguna vez realizaste esta excursión, es posible que tengas vívidos recuerdos de tus niños preguntando por enésima vez en el asiento trasero del auto: «¿Ya llegamos?». Hasta que finalmente, cuando alcanzamos nuestro destino, todas las horas de viaje te parecen insignificantes mientras permaneces de pie al borde del precipicio y tus ojos abarcan la inmensidad del abismo. Un silencio casi sepulcral te sobrecoge y recae sobre los que han viajado contigo... ¡la emoción los inunda!

Durante los pasados 21 capítulos de *La Historia* hemos estado realizando un viaje y preguntándonos cuando alcanzaríamos nuestro destino. Hoy hemos llegado. Miramos el pesebre y podemos contemplar al Señor de la gloria, «Dios con nosotros», el tan largamente esperado Mesías.

Permite que un silencio santo envuelva tu corazón. Observa con detenimiento. Él es aquel que creó el Gran Cañón, los cielos, la tierra... y todo lo que habita en ella. Dios en un pesebre. ¡Al fin hemos llegado!

Coméntalo

Cuenta sobre alguna oportunidad en la que realizaste un viaje muy prolongado con el fin de ver algo o a alguien y describe cómo te sentiste cuando finalmente arribaste a tu destino.

Notas didácticas del DVD

Conforme observas el segmento en vídeo de la Sesión 22, haz uso del siguiente bosquejo y registra todo aquello que se destaca según tu criterio.

Historia Secundaria: un comienzo vergonzoso

Historia Primaria: La solución de Dios para nuestro comienzo vergonzoso

Dios desciende para llevarnos de retorno a una comunión con él

El cumplimiento de muchas profecías

Discusión a partir del DVD

1. ¿Recuerdas las palabras iniciales del primer capítulo de *La Historia*? Si no es así, regresa y vuélvelas a leer... luego relee el inicio de este capítulo. Los judíos de los días de Jesús habían leído y escuchado la historia una y otra vez a lo largo de sus vidas. ¿Qué podría haber venido a sus mentes al percatarse de que la historia de Jesús (la solución a todos nuestros problemas) se inicia con las mismas palabras con las que comenzó *La Historia* en la etapa anterior a que hubiese cualquier forma de pecado en el mundo?

2. En esta historia se incluyen varios tipos de títulos y descripciones de Jesús (Juan 1:1-14; *La Historia*, pp. **277-278**). Elige uno de los siguientes y explica cuál consideras que es su significado y cómo has percibido que este apelativo es aplicable a Jesús.

   Jesús: La Palabra   **Jesús:** La Luz

   Jesús: Es Dios   **Jesús:** El Unigénito

   Jesús: El Hacedor de todas las cosas   **Jesús:** Aquel que trae la gracia y la verdad

   Jesús: La Vida

3. Dios le habló a María y José por medio de ángeles (Lucas 1:26-38; Mateo 1:19-24; *La Historia*, p. **278**). ¿Cuál fue el mensaje que el ángel les dio y cómo respondieron ellos al mensajero celestial?

> *El nacimiento de Jesús no es resultado de un escándalo... sino una solución a nuestro escándalo, nuestro pecado.*

4. Haz una pausa para recordar que María y José fueron personas reales que vivían en un pueblo pequeño también real. ¿De qué forma podían haber respondido la gente y la familia de José al enterarse de que María había quedado encinta antes de la fecha de su boda? ¿Cómo podrían haber reaccionado ante la historia de que «un ángel me dijo que Dios haría que quedara embarazada, pero tanto José como yo aún somos vírgenes»?

Comenta sobre alguna ocasión en la que Dios te llamara a vivir dedicado a él o a seguirle de una forma particular que resultó incomprensible para todos los demás. ¿Cómo te mantuviste fiel a tu fe durante ese tiempo?

5. Jesús nació de una virgen y fue concebido sin pecado. ¿Por qué es importante esto?

> Desde la Historia Secundaria puede parecer que el bebé iba a nacer en pecado, desde la Historia Primaria vemos que Jesús nació sin pecado.

6. En la Historia Secundaria, José y María tuvieron que ir a Belén a fin de ser censados; se trató de un penoso viaje de tres días para una mujer con nueve meses de embarazo. En la Historia Primaria, Dios los estaba conduciendo a Belén porque era allí donde habría de nacer el Mesías. Rememora algún acontecimiento de tu vida que en un inicio consideraste inconveniente e innecesario, solo para luego mirar en retrospectiva y concluir que en realidad Dios estaba realizando algo extraordinario y mucho mayor de lo que podías saber en aquellos momentos.

7. Después del nacimiento de Jesús, los pastores partieron con premura y les contaron a todos lo que habían visto y oído. Narra un testimonio breve sobre alguna ocasión en la que en verdad pudiste ver o escuchar a Jesús actuando en tu vida. ¿Cómo podrías relatar esta historia (y otras similares) fuera de tu pequeño grupo, a personas que aún no son seguidoras de Jesús?

8. Jesús es Emanuel, «Dios con nosotros» (Mateo 1:23; *La Historia*, p. **280**). ¿En qué sentido te ayuda tener presente en tu diario andar con Cristo que él es Dios y está contigo todo el tiempo?

¿En qué situación particular es necesario recordarte que Dios está contigo? ¿Cómo deberían orar por ti los miembros de tu grupo a medida que atraviesas esta temporada de tu vida?

9. Lee las Secciones 1-5 de *La Historia* (pp. **8-9** de esta guía del alumno). ¿Cómo observas la compasión y la justicia de Dios obrando a medida que crece tu comprensión del alcance de su historia?

Oración de clausura

Considera algunas de las siguientes ideas como punto de partida durante el tiempo de oración:

- Dale gracias a Dios porque la obra de su Historia Primaria es siempre correcta, incluso cuando no seamos capaces de comprender en su totalidad lo que está haciendo.

- Ora por el valor necesario para seguir a Dios, incluso cuando hacerlo sea muy difícil.

- Ora por una visión que te permita contemplar a Jesús tal y como es: la Luz, la Vida, Emanuel, el Hijo de Dios, Dios, el Salvador... ¡y mucho más!

Entre sesiones

Reflexiones personales

Si en verdad pudiéramos interiorizar la verdad de que ya hemos sido liberados del pecado, nos sentiríamos inundados de un inefable gozo. Agradécele a Dios por haber enviado a su hijo para pagar el precio de nuestros pecados. Alaba a Jesús por el gran amor que mostró sacrificándose a sí mismo en la cruz.

Acción personal

Al final del segmento en DVD, Randy habla sobre cómo Jesús desea realizar tres cosas distintas en y a través de nosotros. En la semana venidera, ora y procede a identificar una acción que puedas llevar a cabo a fin de crecer en cada una de estas tres áreas:

Jesús quiere morar en ti. (Invítalo a que lo haga plenamente por medio de su Espíritu).

Él anhela crecer en ti. (Ora con el fin de profundizar cada vez más tu fe).

Él desea manifestarse por medio de ti. (Pídele a Jesús que su luz brille a través de ti y llegue a la vida de otros).

Lectura para la próxima sesión

Dedica un tiempo antes de la próxima reunión con tu grupo para leer el capítulo 23 de *La Historia*.

Comienza el ministerio de Jesús

*La solución de Dios para nuestro problema del pecado
no es un «Qué», sino un «Quién».*

Introducción

La religión siempre se relaciona con preguntas del tipo «¿Qué?». ¿Qué se supone que haga? ¿Qué debería dejar de hacer? ¿Qué ropa debo usar? ¿Qué palabras debería dejar de emplear? ¿Qué pensará la gente de mí?... ¡Y la procesión imparable de interrogantes tipo «Qué» continúa!

En el capítulo 23 de *La Historia*, el pueblo de Israel había compilado un masivo listado de cuestionamientos «¿Qué?» en un intento de agradar a Dios y mostrar que eran dignos de su amor y su aceptación. Algunos líderes religiosos de la época se hicieron expertos en indicarles a los demás cómo se suponía que debían proceder.

En medio de este clima, Dios irrumpe con su Historia Primaria y sorprende a todo el mundo. La salvación no se fundamenta en un listado de aquello que hacemos o dejamos de hacer por considerar opuesto a las ordenanzas y con el fin de hacer feliz a Dios. Obviamente, él se interesa por nuestra conducta y espera que sus hijos crezcan en la santidad, sin embargo, esa no es su primera preocupación. Antes de que podamos comenzar a pensar en ser personas de bien, es menester que conozcamos a aquel que nos puede ayudar a conseguirlo.

La solución al problema, allá por el siglo primero, no fue un «¿Qué?», sino un «¿Quién?». Todo estuvo relacionado con Jesús. Hoy, dos mil años después, sucede exactamente lo mismo. Antes de que comencemos a pensar en «¿Qué?» necesitamos conocer a «¿Quién?». Y la respuesta a esa pregunta sigue siendo la misma: ¡Jesús!

Coméntalo

Aun hoy algunas personas consideran la salvación como dos listas del tipo «hacer» y «no hacer». ¿Cuáles son algunas de las acciones que la gente ubica en una lista u otra cuando opta por adherirse a esa perspectiva?

Notas didácticas del DVD

Conforme observas el segmento en vídeo de la Sesión 23, haz uso del siguiente bosquejo y registra todo aquello que se destaca según tu criterio.

Juan el Bautista nos presenta la solución de Dios

Juan tenia un proposito divino. Era para restaurar nuestra relacion con Dios de una manera de que vivimos en su perfecta comunidad con el.

Jesús es el Cordero de Dios El cordero es el que quita el pecado del mundo.

Encuentros que ponen de manifiesto que Jesús responde al «¿Quién?» que habíamos estado esperando Juan el Bautista nos. La solucion a nuestro problema. nos que sino quien.

Quien Jesus

Juan el Bautista muere sabiendo quién es Jesús Juan tuvo duda de que el era Jesus, pero queria asegurarse de que se tratara de la misma persona. Jesus le embia la respuesta que defecto es la persona que dice ser.

Discusión a partir del DVD

1. ¿Qué vio y escuchó la gente durante el bautizo de Jesús (Mateo 3:13-17; *La Historia*, p. **288**) y qué evidencia esto en cuanto a quién era él? *En el*

(A) momento que Jesus fue bautizado. el vio al espiritu Santo bajar Como una paloma sobre el y una voz del cielo que decia esto es mi hijo amando en que tengo complasencia.

(B) Era el hijo de Dios.

> Juan el Bautista nos dice que la solución a nuestro problema no radica en «¿Qué?», sino en «¿Quién?». Necesitamos comprender a aquel que responde al «¿Quién?» antes de poder entender qué fue lo que vino a hacer. Su obra modificaría la situación solo si en verdad él era quien dijo ser.

2. Después de pasar cuarenta días en el desierto, Jesús enfrentó tres tentaciones del maligno (Mateo 4:1-11; *La Historia*, p. **288**). ¿En qué consistió cada una y cómo las refutó Jesús en cada caso? ¿De qué manera sigue usando Satanás la misma clase de tentaciones en nuestra vida hoy en día?

D) Trampas (A) Escrito esta no solo de pan vive el obstaculos hombre y si no de toda la palabra que mentiras. sale de la boca de Dios. (B) Tambien esta Artimañ Escrito no pongas a prueba al Señor Jesus. (c) Escrito esta adoraras a Cristo el señor y serviele solo a el.

3. ¿En qué sentido tener conocimiento de las Escrituras nos ayuda a combatir las tentaciones diarias? *Conociendo las escrituras nos ayuda a evitar las tentaciones que enfrentamos todo los dias.*

4. El capítulo 4 de *La Historia* nos habla del sacrificio del cordero pascual (Éxodo 12:1-30; *La Historia*, pp. **44-45**) cuya sangre debía ser puesta en los dinteles de las puertas a fin de proteger al pueblo de Dios (para entonces asentado en Egipto) del ángel de la muerte. Posteriormente, Juan

el Bautista le llama a Jesús «el Cordero de Dios, que quita el pecado del mundo» (Juan 1:29; *La Historia*, p. **289**). Los judíos del siglo primero tenían pleno conocimiento sobre la Pascua y el sistema sacrificial. ¿Qué mensaje con respecto a Jesús tendría que haberles sido comunicado a través de las palabras de Juan y cuál es el que deberían transmitirnos a nosotros hoy?

> *Jesús es el Cordero de Dios. Ningún miembro de la comunidad judía podría haber malinterpretado la afirmación de Juan. El cordero joven, inocente y sin mancha del Antiguo Testamento habría de ser aquel cuya vida sería entregada y cuya sangre sería derramada en compensación por el pecado.*

5. A medida que Jesús llamaba a la gente a seguirlo, muchos convocaban de inmediato a otros a conocer al Salvador. ¿Qué persona ha puesto Dios en tu vida a la que te agradaría invitar a conocer a Jesús? ¿Cómo pueden apoyarte en oración los miembros de tu grupo a medida que procuras llegar a ella con el amor y la gracia de Dios?

6. Durante el encuentro de Jesús con Nicodemo (Juan 3:1-21; *La Historia*, pp. **291-292**), él le habló de la Historia Primaria en tanto Nicodemo se enfocaba en la Historia Secundaria. ¿De qué forma observas cómo ambas historias entran en conflicto en esta conversación? ¿Cómo ayudó Jesús a Nicodemo a pensar en términos de la Historia Primaria?

¿Qué le reveló Jesús a Nicodemo y qué nos revela a nosotros a través de este pasaje con respecto al corazón de Dios, el cielo y el juicio?

7. Jesús le dijo a la mujer samaritana que Dios busca personas que adoren al Padre en espíritu y en verdad (Juan 4:21-24; *La Historia*, pp. 293-294). ¿Qué contribuye a que puedas relacionarte con el Santo Espíritu de Dios? ¿Qué te ayuda a ser más auténtico y veraz en tu adoración?

(A) Cuando la relacion es constanta y Estrecha con Dios. (B) Cuando nos umillamos de corazon al señor.

8. Jesús buscaba sitios tranquilos donde pudiera encontrarse cara a cara con el Padre (Marcos 1:35; *La Historia*, p. 295). ¿Por qué es importante que hoy en día los cristianos establezcan un horario habitual para permanecer en silencio delante de Dios? ¿Cuál es tu práctica con relación a este aspecto y cómo pueden apoyarte los miembros de tu grupo en esta disciplina de crecimiento espiritual? Estableciendo un horario establesemos una desipina. En un sitio tranquilo puedemos tener mejor communion con el.

(mas)

9. Lee la Sección 4 de *La Historia* (p. 9 de esta guía del alumno). Si alguno de los miembros de tu grupo ha memorizado el breve enunciado que describe el tema esencial de esta sección, permítele citarlo y comentar respecto a lo que Dios le enseñó mientras se comprometía a memorizar tal declaración.

Vivir la palabra y hablar la palabra.

Oración de clausura

Considera algunas de las siguientes ideas como punto de partida durante el tiempo de oración:

- Ora que podamos reconocer la presencia de Jesús en medio de nosotros cada día de nuestra vida.

- Pídele a Dios que te ayude a percibir cuándo su Historia Primaria está irrumpiendo en tu vida.

- Alaba a Jesús por haber venido como nuestro Mesías y el Salvador del mundo.

Entre sesiones

Reflexiones personales

En verdad todo tiene que ver con el «Quién». Dedica un tiempo a reflexionar acerca de quién es Jesús, permite que las historias de este capítulo te sirvan de guía. Considera qué aprendes sobre él a medida que:
Analizas los detalles de su bautizo
Reflexionas sobre lo que Juan el Bautista dice de él
Observas su labor de discipulado
Le prestas atención a su conversación con Nicodemo
Reparas en su charla con la mujer samaritana
Lo visualizas sanando a los enfermos y expulsando demonios
Meditas en cómo lidió con los líderes religiosos de su tiempo

Acción personal

En el momento en que Jesús llamó a Leví (Mateo) a seguirlo (Marcos 2:13-17; *La Historia*, p. **296**), se establecieron nuevos puentes relacionales. Este hombre invitó a Jesús a una fiesta en su casa a la cual había invitado también a todos sus «viejos amigos», entre los que se encontraban recolectores de impuestos, prostitutas y pecadores.

Cuando los cristianos invitan a creyentes comprometidos y a no creyentes a un lugar donde tienen la posibilidad de interrelacionarse, pueden suceder cosas positivas. Considera planificar una fiesta o cena e invita tanto a cristianos comprometidos como a personas con intereses espirituales. Ora que Dios obre maravillas... y observa lo que hará.

Lectura para la próxima sesión

Dedica un tiempo antes de la próxima reunión con tu grupo para leer el capítulo 24 de *La Historia*.

Ningún hombre común

Algunas personas consideran que la lectura, la escritura y la aritmética conforman el conocimiento básico, no obstante, cuando Jesús irrumpe en el salón de clases de la historia, enseña la asignatura más importante de todas.

Introducción

Cierto pastor tuvo una vez entre los miembros de su congregación a un hombre que de vez en cuando solía acercársele después del mensaje para decirle con mirada irónica: «Bueno pastor, conforme progresaba en su predicación de hoy, la batería de mi audífono se agotó».

Esta era la frase en clave para indicarle: «Dejé de escucharlo tan pronto abordó el tema (donaciones, santidad, servicio humilde) que no quería oír». En apariencia, el hombre padecía un caso particularmente serio de Sordera Selectiva Intencional (S.S.I.). Tristemente, se privó de verdades que pudieron haber mejorado su vida y acercarlo más a su Salvador.

Incluso en los días de Jesús, las multitudes, los líderes religiosos y en algunas ocasiones sus propios discípulos padecieron de la misma enfermedad. Ellos ignoraban o hasta rechazaban sus palabras.

Dos mil años después, las enseñanzas de Jesús pueden resultar todavía tan penetrantes, convincentes y dolorosamente certeras que con intención, o sin ella, terminamos acallándolas. Como sus seguidores, debemos resistirnos a los ocasionales ataques de S.S.I. y aferrarnos a cada una de las palabras del Salvador... incluso cuando esas palabras desafíen la esencia de nuestro propio ser.

Coméntalo

Conversa sobre alguna ocasión en que leíste algo en la Biblia, escuchaste un sermón o Dios trajo una verdad a tu corazón que inicialmente te sentiste inclinado a rechazar o desobedecer. ¿Qué contribuyó a que al final aceptaras o abrazaras esa verdad?

Notas didácticas del DVD

Conforme observas el segmento en vídeo de la Sesión 24, haz uso del siguiente bosquejo y registra todo aquello que se destaca según tu criterio.

Jesús es el Maestro de maestros

Jesús enseñó por medio de parábolas

Jesús enseñó de forma directa

Jesús enseñó a través de las experiencias de la vida

Discusión a partir del DVD

1. ¿Cuáles son algunas de las formas en las que realmente podríamos sintonizar y abrir nuestros corazones, preparándonos para recibir las verdades que Dios desea comunicarnos?

> *Jesús es el Maestro de maestros... aquel que nos enseña cómo organizar nuestra vida en la Historia Secundaria conforme al plan de Dios en la Historia Primaria.*

2. En una de las parábolas más conocidas, Jesús hace uso de las imágenes y el lenguaje agrícola para enseñar impactantes verdades espirituales (Marcos 4:1-20; *La Historia*, pp. **301-302**). ¿Cuáles son los cuatro diferentes tipos de terreno a los que son arrojadas las semillas en esta parábola y qué representa cada uno de ellos?

¿De qué forma estos mismos obstáculos se interponen todavía para que la gente pueda recibir la verdad de Dios y escuchar su mensaje?

3. Jesús narró tres parábolas sobre cosas perdidas que posteriormente fueron halladas (Lucas 15; *La Historia*, pp. **303-304**). ¿Qué rasgos de similitud encuentras a lo largo de estas historias y qué enseñanza obtienes de ellas en cuanto al amor y el sentir de Dios?

4. Aunque Jesús enseñó por medio de historias, también lo hizo empleando mensajes más tradicionales, como el Sermón del Monte, donde llamó a sus seguidores a constituirse en sal y luz (Mateo 5:13-16; *La Historia*, p. **306**). ¿Qué pretendía con este desafío y cómo podemos ser sal y luz en nuestra vida diaria?

5. Jesús les enseñó a sus seguidores cómo orar al elevar la plegaria conocida como el «Padre Nuestro» (Mateo 6:9-15; *La Historia*, p. **306**). Esta oración no fue dada con la pretensión de que se convirtiera en una sucesión de palabras para ser repetidas reiterativamente sin considerar su significado. En vez de ello, cada línea tiene el propósito de servir como punto de partida para conducirnos a otras áreas de interés. ¿Qué temas nos llama Jesús a incluir un nuestras oraciones y de qué forma sus palabras pueden conducirnos a un nivel más profundo de oración?

> *Estamos hambrientos, necesitamos el pan cotidiano, mantenemos rencores y caemos en la tentación. Esta es la Historia Secundaria. Por lo tanto, gemimos a Dios para que se encuentre con nosotros en nuestra Historia Secundaria, y así lo hace.*

6. Randy destaca una tercera forma a través de la cual Jesús impartió sus enseñanzas: haciendo uso de situaciones de la vida real como coyuntura para transmitir profundas verdades espirituales. ¿Por qué las situaciones de la vida cotidiana constituyen una buena manera de enseñar, en particular para padres y abuelos?

7. ¿Cuál enseñanza ofreció Jesús después que Pedro intentó caminar sobre el agua (Mateo 14:22-33; *La Historia*, pp. **312-313**) y qué podemos aprender de esa lección hoy?

8. Jesús es el Maestro de maestros y esto hace de cada cristiano un estudiante. ¿En qué aspecto en particular de tu vida consideras que Dios quiere que seas un estudiante dócil y humilde, capaz de recibir las enseñanzas de Jesús?

9. Lee la Sección 5 de *La Historia* (p. **9** de esta guía del alumno). ¿En qué medida la esperanza de un cielo contribuye a que puedas comprender la obra que Dios realiza en tu vida hoy?

Oración de clausura

Usando el Padre Nuestro como guía, ora acerca de estos temas:

- Exalta a Dios por ser quien es y reconoce su santidad. Enuncia sus diversos nombres.

- Ora por la venida de su reino.

- Ora que su voluntad sea hecha en tu vida y sobre toda la tierra.

- Ruega por su provisión para todas tus necesidades (el pan cotidiano).

- Pide ser perdonado y poder perdonar a los demás.

- Ora que te libre de la tentación y te dé la fortaleza para resistirla.

- Ruega por protección en contra de las artimañas y tácticas del diablo.

Entre sesiones

Reflexiones personales

Algunas de las mejores lecciones que los cristianos aprenden provienen de personas mayores y piadosas que simplemente nos instruyen durante el curso normal de la vida. Esto es exactamente lo que Dios tenía en mente en el pasaje de Deuteronomio 6:4-9 cuando insta al pueblo a hablar sobre su verdad con los hijos en casa, al ir por el camino, y al acostarse o levantarse. Analiza qué tan naturalmente puedes comunicar la verdad de la Palabra de Dios en tu interrelación cotidiana con la próxima generación.

Acción personal

Jesús narró historias sobre una moneda perdida, una oveja extraviada y un hijo descarriado. En cada caso, cuando aquello que estaba perdido fue encontrado, una celebración conmemoró el acontecimiento. El mensaje: una persona que viene a la fe en Jesús provoca todo un festejo en el cielo. Planifica una fiesta con algunos de tus amigos cristianos con el propósito expreso de celebrar el hecho de ser seguidores de Jesús. Por turnos, comenten cómo Dios los trajo a la fe y a qué personas utilizó en el proceso. Es posible que deseen leer Lucas 15 durante la celebración.

Lectura para la próxima sesión

Dedica un tiempo antes de la próxima reunión con tu grupo para leer el capítulo 25 de *La Historia*.

Jesús, el Hijo de Dios

Al parecer, todo el mundo tiene una teoría sobre quién fue Jesús... pero solo él tiene la respuesta correcta.

Introducción

En algún momento entre las décadas de 1960 y 1970 surgió un nuevo tipo de pensamiento, y con él vino también una forma de lenguaje particular. La gente comenzó a «tratar de encontrarse a sí misma». Hombres y mujeres iniciaron una búsqueda personal encaminada a descubrir quiénes eran. Los jóvenes abandonaban las escuelas con el fin de tratar de comprenderse. Las personas de mediana edad, los hombres en particular, atravesaban la crisis propia de la madurez luchando por definir su identidad y su propósito en la vida.

Ciertamente, en los tiempos de Jesús la mayoría de la gente no podía darse el lujo de «buscarse a sí misma», sin embargo, disfrutaba elaborando teorías sobre quién podía ser Jesús... acerca de su auténtica identidad. El único que pudo darle una respuesta clara como el agua a esta interrogante fue Jesús mismo. Mientras que la gente intentaba adivinar o hacía sugerencias e insinuaciones en torno a él, Jesús esperaba el momento preciso para declarar públicamente lo que había sabido desde tiempo atrás.

Jesús siempre tuvo clara su identidad y su misión. Y en el momento preciso, esclareció las cosas con el propósito de que tuviéramos una respuesta precisa a la pregunta: ¿Quién es Jesús?

Coméntalo

Supón que fueras a encuestar a las personas que caminan por las calles de una gran ciudad, ¿cuáles crees que serían algunas de las respuestas que te darían a la pregunta: «¿Quién fue Jesús?»

Notas didácticas del DVD

Conforme observas el segmento en vídeo de la Sesión 25, haz uso del siguiente bosquejo y registra todo aquello que se destaca según tu criterio.

Jesús pregunta, ¿quién dice la gente que soy yo?

Pedro responde

Los líderes religiosos y otros responden

Jesús declara su verdadera identidad

Discusión a partir del DVD

1. Durante un encuentro con Pedro, Jesús le proporcionó la descripción de trabajo del Hijo del hombre (Marcos 8:31-33; *La Historia*, p. **315**). ¿Qué cosas dijo Jesús que iba a hacer y cómo respondió Pedro? ¿Por qué crees que reaccionó de la forma en que lo hizo?

¡La respuesta que Jesús le dio a Pedro fue muy firme! ¿Qué había hecho mal Pedro y en qué sentido la reacción de Jesús constituye un acto de amor?

2. Jesús les hizo ver a sus seguidores que debían hacer cuatro cosas en su diario caminar con él: (1) negarse a sí mismos, (2) tomar su cruz, (3) seguirlo, y (4) estar dispuestos a dar su vida por él y el evangelio. ¿Cómo se vería que en un día normal de tu vida procures hacer estas cosas?

3. Dios declaró quién es Jesús y qué estamos llamados a hacer como respuesta a su revelación (Mateo 17:5; *La Historia*, p. **316**). ¿De qué manera debemos responder a este llamado sobre la base de la rutina diaria?

4. Tradicionalmente los reyes humanos, tanto durante los tiempos bíblicos como en la actualidad, han sido exaltados y recibido honores especiales. Cuando Jesús caminó sobre la tierra, actuó de forma muy distinta. ¿Qué contrastes puedes ver entre la forma en que él vivió y aquella en la que viven (o se comportan) otros reyes?

5. Cuando Jesús se autoproclama la «luz del mundo», le está asegurando a sus discípulos que si lo siguen no tendrán que caminar más en la oscuridad. ¿De qué forma has venido descubriendo la luz de Jesús desde que comenzaste a ser cristiano y cómo su presencia ha impedido que vivas en la oscuridad?

6. En su interacción con algunos de los líderes de la élite religiosa, Jesús declaró: «Antes de que Abraham naciera, ¡yo soy!» (Juan 8:58-59; *La Historia*, p. **319**). ¿Cuál fue la naturaleza de su reclamo y por qué molestó tanto a los líderes religiosos como para querer asesinarlo?

> *Jesús es el Cordero sin mancha que fue inmolado millones de veces en los sacrificios realizados en Israel. Él es Dios. Es el cordero de Dios ofrecido por nuestros pecados.*

7. Lázaro estaba enfermo, razón por la que sus hermanas llamaron a Jesús (Juan 11; *La Historia*, pp. **320-321**). Cuando fue a su encuentro, Jesús afirmó que él era «la resurrección y la vida». ¿Qué estaba queriendo decir Jesús sobre sí mismo y por qué fue importante en aquel momento y también lo es hoy en día?

8. Jesús es el Salvador, el Mesías y el Cordero de Dios. Él vino a vivir una vida sin pecado, morir en la cruz en nuestro lugar, y resucitar en gloria para acabar con el poder del pecado y la muerte. ¿De qué manera esta verdad sobre su identidad aclara la dirección y el propósito de tu vida?

9. Lee la Sección 5 de *La Historia* (p. **9** de esta guía del alumno). Si alguno de los miembros de tu grupo ha memorizado el breve enunciado que describe el tema esencial de esta sección, permítele citarlo y comentar con respecto a lo que Dios le enseñó mientras se comprometía a memorizar tal declaración.

> *Ahora conocemos la plenitud del plan de Dios. Él envió a su Hijo, que se encontraba sentado a su diestra en la Historia Primaria, a descender a la Historia Secundaria para representarnos. El plan de Dios para él era que diera su vida. Jesús pagó por nuestros pecados a fin de que pudiéramos ser hechos justos delante de Dios y retornáramos a una relación personal con él similar a la que tuvieron Adán y Eva.*

Oración de clausura

Considera algunas de las siguientes ideas como punto de partida durante el tiempo de oración:

- Ora por las personas de tu comunidad, tu nación y el resto del mundo a fin de que puedan tener una idea clara de quién es en realidad Jesús.

- Pídele a Jesús que establezca una dirección para tu vida basada en quien es él y no en quién eres tú.

- Declara que Jesús es la resurrección y la vida, y agradécele por la esperanza de un cielo que pertenece a todos los que creen en él.

Entre sesiones

Reflexiones personales

Jesús vino para convertirse en el sacrificio final y perfecto por nuestros pecados. Reflexiona sobre todo aquello de lo que has sido salvado. Alaba a Dios por haberte limpiado de todo pecado gracias a que Jesús, el Mesías, pagó el precio en su totalidad.

Acción personal

A medida que caminamos por la vida, solemos encontrarnos con personas que proponen las más diversas teorías acerca de quién fue Jesús. Haz el compromiso de leer los Evangelios (Mateo, Marcos, Lucas y Juan) y mantén un diario sobre todas las cosas que Jesús dice acerca de sí mismo. Luego, pídele al Espíritu Santo que te ayude a concebir un retrato cuidadoso y gentil de Jesús a fin de presentárselo a todas aquellas personas que tienen una idea errónea acerca de él.

Lectura para la próxima sesión

Dedica un tiempo antes de la próxima reunión con tu grupo para leer el capítulo 26 de *La Historia*.

La hora de las tinieblas

¡Su hora más oscura llevó a nuestra hora más brillante!

Introducción

Ningún otro período histórico muestra un mayor contraste entre la Historia Primaria y la Secundaria. La semana final de la vida de Jesús, dentro de su Historia Secundaria, fue tan indescriptiblemente oscura como lo son las impenetrables tinieblas de un abismo. El Señor de la gloria fue traicionado y abandonado por sus amigos, rechazado por las multitudes, condenado por la comunidad religiosa, despreciado y escarnecido sin piedad. Jesús experimentó la más absoluta oscuridad en términos emocionales y relacionales.

Aquel que nació de forma humilde en un pesebre fue brutalmente golpeado y colgado de un madero. Se le forzó a cargar su propia cruz hasta la cumbre del Monte Calvario. Allí fue clavado en aquel instrumento romano de tortura y suspendido en el aire por los pies y las manos, sufriendo así una de las muertes más dolorosas que intencionalmente se haya concebido. Jesús experimentó la oscuridad de la penuria física más allá de toda descripción.

Por último, el Cordero sin mancha de Dios experimentó el insondable límite de las oscuras tinieblas espirituales. El que no conoció pecado se hizo pecado, asumió el castigo por nosotros, la justa sentencia que merecíamos.

De modo extraño, este momento de oscuridad sin parangón fue también el momento en que la luz celestial se abrió paso como nunca antes. Mientras tanto Jesús sufría y moría, nuestra esperanza comenzaba, nuestra redención triunfaba y el pecado era abatido. La luz brillante del amor de Dios resplandecía desde la Historia Primaria alumbrando la oscuridad de nuestra Historia Secundaria... y esto modificó todas las cosas.

Coméntalo

Cuenta sobre alguna ocasión en la que hayas experimentado la oscuridad emocional, relacional o espiritual, y cómo a pesar de ello la luz de Dios aún continuó brillando.

Notas didácticas del DVD

Conforme observas el segmento en vídeo de la Sesión 26, haz uso del siguiente bosquejo y registra todo aquello que se destaca según tu criterio.

Jesús, el Hijo de Dios sin pecado, proporciona el camino de regreso a Dios

En la Historia Secundaria ellos exclamaron: «¡Acabamos con él!»

En la Historia Primaria Jesús exclamó: «¡Todo se ha cumplido!»

Un nuevo inicio

Discusión a partir del DVD

1. Aun cuando Jesús se preparaba para la Pascua (un momento cargado de imágenes de corderos sacrificados y sangre derramada), no dejó de enseñarles y mostrarles a sus seguidores cómo vivir (Juan 13:1-17; *La Historia*, pp. **327-328**). Describe el acto de servicio que Jesús llevó a cabo con sus discípulos (incluyendo a Judas) y la forma en que ellos respondieron.

   ¿De qué manera nuestra disposición para el servicio refleja la presencia de Jesús en nuestra vida y el mundo? ¿Cuál sería un acto de servicio sorpresivo que podrías realizar la semana que viene?

2. Jesús fue enfáticamente claro en su afirmación de que él constituía el único camino para restaurar la relación con el Padre y alcanzar el cielo (Juan 14:6; *La Historia*, p. **329**). ¿De qué forma algunas personas (incluso cristianas) rechazan este particular reclamo de Jesús? ¿Por qué es importante que nosotros abracemos esta clara enseñanza de nuestro Salvador?

3. Justo antes de su detención, Jesús llamó a tres de sus amigos y se fue a un jardín a orar (Mateo 26:36-46; *La Historia*, pp. **331-332**). ¿Qué puedes aprender con la lectura de este relato sobre el poder y el amor de Dios en contraste con las debilidades y las necesidades de la gente?

4. Los líderes religiosos y políticos se unieron para dar lugar a una retorcida historia de abuso y rechazo (Mateo 26:57-67; 27:1-10; Juan 18:28—19:16; *La Historia*, pp. **333-336**). ¿Cómo trataron a Jesús y cuál fue la respuesta de él hacia ellos?

> Al morir Jesús, los líderes de la Historia Secundaria proclamaron: «Acabamos con él». Sin embargo, desde la Historia Primaria, Jesús afirmaba: «Todo se ha cumplido».

5. Pedro, uno de los amigos más cercanos de Jesús, negó enfáticamente en tres distintas ocasiones haber siquiera conocido al Maestro, incluso ante su propia presencia (Lucas 22:54-62; *La Historia*, pp. **333-334**). ¿Cómo debió haberse sentido Jesús ante este hecho? ¿Cuáles son algunas de las formas en que negamos a Jesús y actuamos como si no lo conociéramos?

6. ¿Qué aprendes acerca del sentir de Jesús, que incluso estando en la cruz, no dejaba de interactuar con los que lo crucificaron, el ladrón que yacía a su lado y hasta su propia madre? (Lucas 23:32-43; Juan 19:25-27; *La Historia*, pp. **336-337**).

7. Una de las declaraciones más breves y poderosas de *La Historia* acontece cuando Jesús exclama: «¡Todo se ha cumplido!». ¿Qué pudo haber pensado la mayoría de la gente, desde la perspectiva de la Historia Secundaria, al escuchar a Jesús proferir esas palabras? ¿Qué estaba en realidad declarando Jesús desde la perspectiva espiritual de la Historia Primaria y qué significado tiene esto para nosotros?

8. Hebreos 10:19-22, el pasaje que Randy lee en el segmento del DVD, apunta a tres cosas que acontecen cuando establecemos amistad con Jesús. ¿De qué forma has experimentado (o estás experimentando) en tu vida *uno* de los acontecimientos expuestos a continuación?

- Podemos acercarnos a Dios con absoluta confianza

- Dejamos de tener una conciencia culpable

- Vivimos con la sensación de estar limpios y purificados

¿Qué podemos hacer a diario para caminar en una amistad íntima y vital con Dios?

A través de la sangre derramada por Cristo, ahora tenemos acceso directo a Dios. La maldición de Adán ha sido eliminada para todos los que creen en Jesús como el Hijo de Dios, el Mesías. Finalmente, el camino de regreso a Dios se ha restablecido. Lo único que nos queda por hacer es reconocerlo y aceptarlo.

9. Lee las Secciones 1-5 de *La Historia* (pp. **8-9** de esta guía del alumno). ¿De qué forma el poder y la presencia de Dios en la Historia Primaria impactan lo que sucede en la Historia Secundaria?

Oración de clausura

Considera algunas de las siguientes ideas como punto de partida durante el tiempo de oración:

- Agradécele a Jesús por amarte hasta el punto de haber estado dispuesto a experimentar por ti el insondable límite de las tinieblas mientras hacía de tus pecados los suyos propios.

- Agradécele a Dios por haber enviado a su Santo Espíritu para que morara con nosotros y en nosotros. Pídele al Espíritu Santo que te llene hasta rebosar.

- En el jardín, Jesús les pide a sus discípulos que oren para que no caigan en tentación. Ora en contra de las tentaciones y seducciones que el enemigo pueda poner en tu camino.

Entre sesiones

Reflexiones personales

Lee Hebreos 10:19-22 y medita en cuanto a la verdad de que Dios ha abierto un camino para que te acerques a él con la confianza de que puedes vivir con una conciencia tranquila debido al sacrificio de Jesús, y has sido lavado y limpiado. Regocíjate en estas verdades.

Acción personal

El propósito de Jesús al ingresar a la Historia Secundaria y ofrecerse a sí mismo como sacrificio fue conducirnos de nuevo a la comunión con Dios. Escribe un recuento breve sobre la forma en que la muerte de Jesús cambió personalmente tu vida. Luego comenta esta breve reflexión con uno o dos amigos, o tal vez con tu pastor.

Lectura para la próxima sesión

Dedica un tiempo antes de la próxima reunión con tu grupo para leer el capítulo 27 de *La Historia*.

La resurrección

Hasta este punto de la historia, bien podría afirmarse:
«De la muerte viene la muerte».
Sin embargo, ahora resuena claro y
potente un nuevo mensaje:
«¡De la muerte surge la vida!».

Introducción

¿Jugaste alguna vez siendo niño con una caja de sorpresas? Estas cajas tienen una pequeña manivela que al hacerla girar activa una melodía musical, y a medida que la música va llegando a su fin, salta de improviso la cabeza de un muñeco, por lo general un payazo, que es activada y retenida por la presión de un resorte interno. La sorpresa hacía que te estremecieras ante el momento esperado, pero no por eso menos emocionante. Puede que hubieras jugado con la caja cientos de veces, no obstante, siempre producía la misma excitación.

Era como un ritual. Con una ligera rotación de la manivela la parte superior de la caja se abría con un fuerte chasquido y la cabeza sostenida por el resorte se impulsaba por los aires. Cada vez que el payazo salía de la caja, el sobresalto era inevitable. Una vez pasado el susto se volvía a presionar la cabeza del muñeco hacia abajo y se cerraba la tapa de la caja, para luego volver a activar una y otra vez el mismo mecanismo.

Al leer el capítulo 27 de *La Historia*, vemos que los discípulos respondieron con sorpresa y asombro ante la resurrección de Jesús. Él les había dicho en repetidas ocasiones que iba a morir y resucitaría al tercer día. Les había asegurado que la muerte no podría retenerlo. ¡Sin embargo, cuando Jesús salió del sepulcro, los discípulos se sorprendieron tanto como un niño con una caja de sorpresas!

Coméntalo

Cuenta acerca de algo que sabías que iba a suceder, pero que de todas formas te hizo sentir asombrado y sorprendido cuando finalmente aconteció.

Notas didácticas del DVD

Conforme observas el segmento en vídeo de la Sesión 27, haz uso del siguiente bosquejo y registra todo aquello que se destaca según tu criterio.

Los discípulos experimentan el aguijón de la Historia Secundaria

Un sepulcro vacío: Él ha resucitado

Apariciones después de la resurrección

Jesús comisiona a sus discípulos antes de regresar a la Historia Primaria

Discusión a partir del DVD

1. Comenta sobre alguna persona ya fallecida con la que hayas mantenido una relación muy estrecha. ¿De qué manera la vida de esa persona continúa impactando la tuya?

2. María permanecía llorando fuera del sepulcro... hasta que Jesús se le reveló (Juan 20:10-18; *La Historia*, p. **341**). ¿Qué le enseñó Jesús acerca de sí mismo? Habla sobre algún momento especial en que los ojos de tu entendimiento fueron abiertos y pudiste llegar a conocer a Jesús de una forma más profunda de lo que jamás lo habías conocido hasta ese instante.

> *Jesús no está acabado. Él vive. Su obra se encuentra concluida. El camino ha sido abierto para que, conforme le fue prometido a Abraham, todos los pueblos y las naciones reciban las bendición de la vida eterna con Dios.*

3. En el camino a Emaús, el Jesús resucitado le enseñó a dos hombres la verdad de las Escrituras del Antiguo Testamento (Lucas 24:13-49; *La Historia*, pp. **341-343**). ¿En qué medida la comprensión de esta parte de *La Historia* (el Antiguo Testamento) nos ayuda a comprender el resto de ella (el Nuevo Testamento)?

4. Tomás no estaba dispuesto a creer que Jesús estaba vivo hasta que pudiera verlo con sus propios ojos (Juan 20:24-29; *La Historia*, p. **343**). ¿Cómo lo ayudó Jesús a avanzar en la fe al aparecerse justo en el momento en que él se encontraba presente? ¿De qué manera ha buscado Dios encontrarse contigo en el momento adecuado?

5. El Cristo resucitado se encontró con sus discípulos cuando estos se encontraban pescando (Juan 21:1-19; *La Historia*, pp. **343-344**). ¿Cómo respondió Pedro cuando se percató de que se trataba de Jesús? ¿Qué hizo el Maestro para restaurarlo y encaminar de nuevo su vida por la senda del servicio?

Al final del intercambio, Jesús le dijo a Pedro: «¡Sígueme!», las mismas palabras que había usado al llamarlo por primera vez. Cuenta cómo te llamó Jesús para que lo siguieras y explica una de las formas en que estás procurado vivir conforme a su llamado.

6. Antes de que Jesús ascendiera de nuevo a los cielos de la Historia Primaria, llamó a sus seguidores a realizar ciertas tareas específicas (Mateo 28:16-20; *La Historia*, pp. **344-345**). ¿Cuál fue la naturaleza de ese llamado tanto para ellos como para nosotros y qué parte de esta misión le corresponde a Dios y qué otra parte nos corresponde a nosotros?

7. ¿En qué aspecto de tu vida estás experimentando el aguijón de la Historia Secundaria al tiempo que experimentas el gozo de la Historia Primaria? ¿Por qué enfocarse en la resurrección de Jesús y en la seguridad de nuestra propia resurrección nos otorga esperanza y fortaleza en los momentos más difíciles de la vida?

8. Cuando comprendemos el mensaje de *La Historia* y emprendemos la restauración de nuestra relación con Dios, queremos contárselo a otros. ¿Quién sería una de las personas por las cuales estás orando a fin de que establezca una relación con Jesús y cómo estás procurando alcanzar a esta persona? ¿De qué forma pueden animarte los miembros de tu grupo en este esfuerzo y brindarte su apoyo en oración?

9. Comenta con los miembros de tu grupo cómo alguna de las cinco secciones de *La Historia* (pp. **8-9** de esta guía del alumno) te ha ayudado a comprender el apasionado sentir de Dios por todas aquellas personas que vagan lejos de él. Conforme realizas tu narración, léele o recítale las palabras de esa parte de *La Historia* al resto del grupo.

Ya no tendremos que pararnos más ante las tumbas de las personas que hemos amado y lamentarnos sin esperanza. Si ellos aceptan este regalo gratuito del perdón, tampoco estarán acabados. Nos veremos de nuevo en el jardín renovado de Dios.

Oración de clausura

Considera algunas de las siguientes ideas como punto de partida durante el tiempo de oración:

- Agradécele a Dios por todas aquellas personas ya fallecidas a las que amaste y que aún continúan influenciando tu caminar en la fe debido a su extraordinario ejemplo.

- Después de la resurrección de Jesús, algunas personas tuvieron serias dificultades para reconocerlo. Pídele al Espíritu Santo que abra tus ojos de modo que puedas ver a Jesús con claridad.

- Ora que Dios te utilice en su misión de hacer discípulos en todas las naciones.

Entre sesiones

Reflexiones personales

El funeral de un cristiano está lleno de la esperanza y la garantía de un futuro glorioso. No sucede así con lo funerales de aquellos que no conocen a Cristo. Piensa en las personas que amas que no tienen una relación con Jesús. Invita a Dios a guiarte de la forma más viable para lograr involucrarte más en sus vidas.

Acción personal

Confecciona una lista de las personas queridas o allegadas que todavía no han descubierto la verdad de la historia de Dios y aún no mantienen una relación con él mediante la fe en Jesús. Comprométete a usar la lista como un recordatorio de oración. De igual manera, busca oportunidades para hablarles de la historia de Dios y tu propia historia con él. Considera obsequiarles una copia de *La Historia* y aliéntalas a leerla.

Lectura para la próxima sesión

Dedica un tiempo antes de la próxima reunión con tu grupo para leer el capítulo 28 de *La Historia*.

Nuevos comienzos

El corazón humano anhela
un nuevo comienzo y una nueva visión.
En Jesús hemos recibido ese nuevo
comienzo que nuestra alma anhela.

Introducción

«¡Es algo bueno prestar los juguetes!». Eso es lo que los padres de cada generación les dicen a sus niños pequeños. Algunos niños comprenden el mensaje, otros no.

Los adolescentes enfrentan el mismo reto. «¡Deja que otro pueda usar el control remoto y cambie el canal!». «¡No te comas el último pedazo de pizza!».

Afortunadamente, las personas se vuelven más generosas y altruistas conforme se adentran en el mundo de los adultos... ¿verdad? ¡Falso! Esto continúa siendo una batalla y un desafío en nuestros años adultos.

En el capítulo 28 de *La Historia*, escuchamos a nuestro Padre celestial decir: «¡Es bueno testificar!». Dios le dice a su pueblo que la gracia que ha recibido, el amor que ha experimentado, la comunión increíble de la que ha gozado en la comunidad de creyentes, el perdón de los pecados que ha obtenido, y la relación restaurada que ha alcanzado con él, no deben acapararse y mantenerse ocultos. Dios ha llamado a su pueblo, en el pasado y en el presente, a dar testimonio de las buenas nuevas y la esperanza que únicamente pueden encontrarse en Jesús.

¿Cómo estamos procediendo? ¿Estamos dispuestos a testificar? ¿Hemos descubierto que mientras más obsequiamos las cosas de Dios, más recibimos a cambio?

Coméntalo

Describe alguna ocasión en la que habiendo obtenido algo nuevo, descubriste después lo difícil que te resultaba compartirlo con los demás.

Notas didácticas del DVD

Conforme observas el segmento en vídeo de la Sesión 28, haz uso del siguiente bosquejo y registra todo aquello que se destaca según tu criterio.

Desde la creación hasta la resurrección... el plan de Dios para restaurarnos

La presencia y el poder del Espíritu Santo

Renovación y el nacimiento de una nueva comunidad

Lo que hicieron los primeros creyentes cuando se reunieron

Discusión a partir del DVD

1. En el segmento del DVD, Randy brinda una panorámica del evangelio y nos recuerda que si creemos que Jesús habitó entre nosotros, vivió una vida sin mancha, murió por nuestros pecados y posteriormente resucitó, podemos llegar a ser hijos de Dios. ¿Cómo llegaste al conocimiento de esta verdad y a quién utilizó Dios para dártela a conocer?

2. Jesús fue explícito al afirmar que el Espíritu Santo constituye nuestra fuente de poder para testificar su mensaje redentor (Hechos 1:8; *La Historia*, p. **347**). En realidad, los creyentes así lo experimentaron cuando el Espíritu reposó sobre ellos (Hechos 2:1-4; *La Historia*, p. **348**). De la misma forma, Pedro fue colmado de la presencia del Espíritu y proclamó el mensaje con valentía (Hechos 2:14-44; *La Historia*, pp. **349-350**). ¿Has experimentado alguna vez que el Espíritu Santo te inunda, impela y otorga la fortaleza para testificar el mensaje de amor de Jesús?

> *El Espíritu vino a morar en la vida de todos los creyentes en Jesús. Su presencia les daría a los discípulos el valor, la orientación y el poder para llevar a cabo su nueva misión.*

3. Jesús les dijo a los discípulos que tendrían que llevar a cabo su ministerio en cuatro localidades distintas (Hechos 1:8; *La Historia*, p. **347**). ¿De qué forma puedes ver a Dios usándote a ti, a tu congregación y a la iglesia en general para testificar el mensaje salvador de Jesús en cada uno de los siguientes lugares:

   • Jerusalén (tu ciudad y vecindario)

   • Judea (las comunidades y regiones aledañas)

   • Samaria (los lugares más difíciles y que la mayoría de las personas evitan)

   • Hasta los confines de la tierra (a través de la nación y el resto del mundo)

   ¿Cómo podrían reunirse los miembros de tu grupo a fin de involucrarse en la tarea de testificar sobre el amor, la gracia y el mensaje de Jesús en alguno de esos sitios?

4. Además de testificar sobre el mensaje y el amor de Jesús, estamos llamados a compartir también nuestros recursos y bienes materiales, nuestras comidas y celebraciones, así como nuestras propias vidas e historias. ¿Por qué es importante cada una de estas áreas y qué podemos hacer para compartir de una manera más intencional?

> *Debido a la sobreabundancia de sus vidas en comunidad, comenzaron a responder a las necesidades de los demás y la gente a su alrededor. Su ofrecimiento de cuidado era distinto. Resultaba incondicional.*

5. ¿Qué tipo de conflictos y batallas espirituales enfrentaron los primeros cristianos en su intento de compartir el mensaje de Jesús? ¿Cómo respondieron ante la persecución y la resistencia, y de qué forma su proceder nos inspira al enfrentarnos con personas que se oponen al mensaje de amor de Dios?

6. Pedro (Hechos 4:8-12; *La Historia*, pp. **351-352**), Esteban (Hechos 6:8-15; 7:51-60; pp. **354-355**) y posteriormente el apóstol Pablo tenían muy claro que Jesucristo era el Mesías, la única esperanza de salvación. ¿Cómo respondió la gente del diverso mundo religioso de la antigüedad ante la audaz declaración de los apóstoles y de qué forma responde hoy en día? ¿De qué manera podemos continuar testificando con valor, incluso cuando haya algunos que no estén de acuerdo con nosotros?

7. Tres mil personas se convirtieron al cristianismo el día de Pentecostés y sus filas se incrementarían aun más en los días porvenir. ¿Está presenciando tu iglesia local las conversiones y las vidas transformadas por Jesús con suficiente regularidad? Si este es el caso, ¿de qué forma podrías celebrarlo y alentar su continuidad? Si no, ¿qué pasos puedes dar para contribuir a que tu iglesia haga llegar de manera más eficiente el mensaje de la salvación y el amor de Jesús a las personas?

8. El Cristo resucitado llamó a sus seguidores a convertirse en sus testigos. Brinda un ejemplo de la forma en que podemos hacer llegar el mensaje del evangelio haciendo uso de *uno* de los siguientes recursos:

   • Contando la historia de Jesús.

   • Hablando sobre el momento en que depositamos nuestra fe en el Salvador.

   • Relatando historias concretas acerca de la presencia y el poder de Jesús actuando en nuestra vida hoy.

> *Jesús reiteradamente nos dice que si lo reconocemos por lo que es y estamos dispuestos a admitir nuestros pecados y aceptar su regalo como pago total, podemos llegar a ser hijos de Dios. Es a esto a lo que se le llama «el evangelio» o «las Buenas Nuevas».*

9. Comenta con los miembros de tu grupo cómo alguna de las cinco secciones de *La Historia* (pp. **8-9** de esta guía del alumno) te ha ayudado a comprender el paciente y longánimo amor de Dios. Conforme realizas tu narración, léele o recítale las palabras de esa parte de *La Historia* al resto del grupo.

Oración de clausura

Considera algunas de las siguientes ideas como punto de partida durante el tiempo de oración:

- Ora por valentía y fluidez para contarles las Buenas Nuevas de Jesús a los demás.

- Pídele a Dios que te ayude a ser más generoso en tanto aprendes a compartir los recursos que él ha puesto bajo tu cuidado.

- Ruégale a Dios a fin de que dirija a tu grupo hacia un sitio donde tanto la gracia como la auténtica comunidad puedan extenderse con total libertad.

Entre sesiones

Reflexiones personales

Reflexiona esta semana en aquellos que te comunicaron el evangelio de Jesús. ¿Qué te dijeron? ¿En qué medida sus vidas contribuyeron a reforzar el mensaje del gran amor de Dios? Procura que su ejemplo te sirva de inspiración mientras les testificas a las personas con las que te encuentras cada día acerca de la gracia y las Buenas Nuevas de Jesús.

Acción personal

Los primeros cristianos disfrutaban abriendo las puertas de sus casas para compartir su comida con los demás. La semana próxima, realiza dos invitaciones. En primer lugar, invita a un puñado de hermanos a disfrutar de una cena y un tiempo para hablar sobre la vida y la fe. En segundo lugar, invita a unas cuantas personas allegadas a ti que aún no son seguidoras de Jesús y a unos pocos creyentes para que compartan una comida contigo.

Lectura para la próxima sesión

Dedica un tiempo antes de la próxima reunión con tu grupo para leer el capítulo 29 de *La Historia*.

La misión de Pablo

*Una vez que contamos con el mensaje,
el momento de nuestra misión ha llegado.*

Introducción

Cuando éramos niños, la mayoría de nosotros disfrutaba del tipo de libros cuyas ilustraciones se revelan después de conectar una serie de puntos con un lápiz. Los más sencillos te permitían anticipar el resultado incluso antes de que trazaras una sola línea, eran los que contenían dibujos muy básicos, como un pato, un perrito o un árbol. Las versiones para niños mayores contenían diseños más complejos. Al mirar la página todo lo que podías observar era un conglomerado de puntos numerados, no tenías idea de lo que descubrirías hasta que procedieras a enlazar todo o la mayor parte del boceto.

Lo más divertido de la experiencia de conexión era el momento del «¡ajá!». En algún instante, cuando se había unido una cantidad suficiente de puntos, podías anticipar el producto ya terminado. Algo que hasta hace poco resultaba indefinido, cobraba entonces sentido.

Conforme leemos el capítulo 29 de *La Historia*, las cosas empiezan a resultar más claras. ¡Dios está enlazando todos los puntos! Su plan de traernos de regreso a una comunión con él ha sido completado a través de la muerte y la resurrección de Jesucristo. Ahora el mensaje de esperanza está siendo difundido por todo el mundo, en particular a través del apóstol Pablo, que mantenía el compromiso intencional de anunciarles a todos el glorioso evangelio de Jesús.

Surge entonces una pregunta: ¿Podemos nosotros enlazar todos los puntos para el mundo moderno? ¿Podemos comprender que la misión de Pablo es en realidad la misión del Señor para cada nueva generación? Cuando hacemos esto, entendemos que también esa es nuestra misión... justo en el lugar donde Dios nos ha puesto hoy en día.

Coméntalo

¿Cuál es una de las formas en las que tú, tu familia y tu iglesia procuran cumplir con la misión de Dios de llevar el amor y el mensaje de Jesús a tu comunidad y el resto del mundo?

Notas didácticas del DVD

Conforme observas el segmento en vídeo de la Sesión 29, haz uso del siguiente bosquejo y registra todo aquello que se destaca según tu criterio.

Pablo lleva el mensaje de salvación «hasta los confines de la tierra»

Los tres viajes misioneros de Pablo

La obediencia de Pablo en cuanto a anunciar el evangelio a todas las personas

Nuestra obediencia en la tarea de continuar la misión

Discusión a partir del DVD

1. Uno de los mensajes que Pablo difundía a medida que proclamaba el evangelio era que el cielo es nuestro verdadero hogar y que en Cristo nuestra resurrección está asegurada. ¿De qué forma tener presente que el cielo espera por aquellos que han depositado su fe en Jesús otorga fe, aliento y confianza para vivir al servicio de Dios en nuestros días?

2. A medida que Pablo predicaba el evangelio enfrentaba también ataques espirituales (Hechos 13:1-12; 16:16-34; *La Historia*, p. **363, 367-368**). ¿Qué forma tomaron esos ataques?

   ¿Qué tipo de batallas espirituales enfrentamos conforme intentamos llevarle al mundo el mensaje de esperanza de Jesús? ¿Cómo podemos resistir y vencer?

3. A medida que la iglesia primitiva unía los puntos y comenzaba a difundir el mensaje salvador de Jesús, la verdad del evangelio fue proclamada una y otra vez. Explica cuál fue el tema principal del evangelio en cada una de las siguientes presentaciones:

   • Conforme Pablo le predicaba a la gente en Antioquía de Pisidia (Hechos 13:13-39; *La Historia*, p. **364**).

   • A medida que Pablo le escribía a la iglesia en Roma (Romanos 1:16-17; Romanos 3—6; pp. **385-387**).

Si un miembro de tu familia o un amigo cercano se acercara a ti y te dijera: «He visto tu vida y escuchado tus palabras, deseo lo que tú tienes. ¿Qué debo creer y hacer para alcanzar la salvación?», ¿qué le dirías al respecto?

> *El evangelio llegó a nosotros gracias a que Pablo fue obediente en traérnoslo en primera instancia. Él, valientemente, aceptó el llamado que Dios le hizo a su vida desde la Historia Primaria.*

4. Pablo y sus compañeros no enfrentaron únicamente ataques de naturaleza espiritual, sino también la resistencia de las comunidades religiosas y comerciales (Hechos 19:8-10, 23-41; *La Historia*, pp. **375-376**). ¿Cómo le hicieron frente a estas dos oposiciones mientras ministraban en Éfeso? ¿Cuáles son algunas de las formas en que podemos enfrentar el mismo tipo de resistencia a medida que seguimos a Jesús hoy en día?

5. Mientras Pablo le escribía a los creyentes en Corinto, abordaba el problema de la división en la iglesia (1 Corintios 1:10-13; 3:1-11; *La Historia*, pp. **378-379**). ¿Cuál fue el asunto acaecido allí y de qué manera la iglesia contemporánea puede resguardarse contra ataques similares de Satanás?

6. La iglesia es el cuerpo, y cada miembro constituye una parte específica del mismo y tiene una función igualmente específica (1 Corintios 12; *La Historia*, p. **380**). ¿Cuál es uno de los dones particulares que el Señor te ha concedido y de qué forma lo estás desarrollando y usando para su gloria? ¿Cómo pueden animarte los miembros de tu grupo a medida que procuras hacer uso de tus dones para servir a Jesús?

7. ¿Cuál de todos los frutos del Espíritu listados por Pablo (Gálatas 5:22-23; *La Historia*, p. **384**) anhelas ver crecer en tu vida? ¿Cómo deberían orar por ti los miembros de tu grupo conforme buscas madurar en esa área de tu vida?

8. Una de las grandes bendiciones de recibir a Jesús es que nos convertimos en hijos de Dios (Romanos 8:14-17; *La Historia*, pp. **387-388**). ¿Qué significado tiene decir: «Soy hijo de Dios»? ¿De qué forma tu relación con Dios crece y se modifica cuando aprendes a verte de esa manera?

9. Comenta con los miembros de tu grupo cómo alguna de las cinco secciones de *La Historia* (pp. **8-9** de esta guía del alumno) te ha ayudado a comprender el anhelo de Dios de mantener una relación contigo. Conforme realizas tu narración, léele o recítale las palabras de esa parte de *La Historia* al resto del grupo.

> *Dios le dijo a Abraham que a través de su descendencia serían benditas todas las naciones. Jesús es el descendiente que cumple esta promesa y Pablo constituye el mensajero para todas las naciones más allá de Israel.*

Oración de clausura

Considera algunas de las siguientes ideas como punto de partida durante el tiempo de oración:

- Ora que los frutos del Espíritu se acrecienten en tu vida.

- Pide fortaleza para resistir los ataques espirituales que sufren todos aquellos que se manifiestan abiertamente a favor de Jesús en el mundo.

- Agradécele a Dios por ser tu Abba y haberte provisto de una amorosa familia de hermanos y hermanas en la iglesia.

Entre sesiones

Reflexiones personales

En este segmento del DVD, Randy destaca que lo peor que nos puede ocurrir si nos decidimos a testificar sobre Jesús es enfrentar un rechazo verbal. Considera las cosas difíciles que te podrían acontecer si te vuelves más audaz a la hora de testificar sobre tu fe. Luego piensa en las cosas buenas que podrían suceder si le hablas a más personas acerca del amor y la gracia de Jesús. ¿No vale la pena el riesgo de acrecentar tu compromiso para cumplir con la misión de Jesús?

Acción personal

En este capítulo de *La Historia* se nos llama a evitar amoldarnos a la imagen del mundo y sus pautas. Identifica una forma en la que estás permitiendo que el mundo te obligue a ajustarte a sus normas y comprométete a liberarte. Podrías incluso desear ponerte en contacto con un miembro de tu grupo en el transcurso de esta semana y pedirle que ore por ti y te ayude a mantenerte responsable en todo lo relacionado con este asunto.

Lectura para la próxima sesión

Dedica un tiempo antes de la próxima reunión con tu grupo para leer el capítulo 30 de *La Historia*.

Los días finales de Pablo

Llegar a ser como Jesús lleva toda una vida...
y aun más.

Introducción

Visualiza a una madre enseñando a su hijo a comer. La madre es paciente y cariñosa, el hijo está haciendo un berrinche.

«Aquí tienes, corazón, sostén la cuchara y coge el maíz por ti mismo, se hace así...». La madre sostiene su propia cuchara, toma un poco de maíz y lo lleva a su boca en un esfuerzo por mostrarle a su hijo cómo debe hacerlo. Con cada cucharada le dice: «¡Esto está delicioso, qué divertido es usar la cuchara!».

El niño menea la cabeza vigorosamente. «¡No quiero! ¡Dámelo tú!» Un instante después, arroja la cuchara al piso y empieza a gimotear: «¡Dame la comida mamá, dámela!».

La madre, exasperada, acerca su silla un poco más al niño y mira directo hacia sus ojos llorosos. «Bebé», le dice, «ya eres un niño grande y saludable, debes comer solito. ¡Ya tienes veintitrés años!».

Ahora haz un alto y pregúntate: ¿Qué podrías pensar si vieras desarrollarse un drama como este en la vida real? La idea de una madre alimentando con cuchara a un hombre joven y perfectamente saludable solo porque no desea hacerlo por sí mismo resulta algo impensable.

Lamentablemente, esto sucede con demasiada frecuencia en nuestra vida espiritual y dentro de la iglesia.

Dios anhela vernos madurar y profundizar en nuestra fe. Si no tenemos cuidado, podemos llegar a estar satisfechos con el nivel en el que nos encontramos y olvidar el llamado que Dios nos hace para que crezcamos cada vez más como personas que viven y se asemejan a Jesús.

Coméntalo

Menciona alguna ocasión durante tu vida de fe en la que hayas sentido que Dios te convocaba a un nuevo nivel de compromiso y crecimiento. ¿Cómo respondiste a ese llamado?

Notas didácticas del DVD

Conforme observas el segmento en vídeo de la Sesión 30, haz uso del siguiente bosquejo y registra todo aquello que se destaca según tu criterio.

Pablo escribe sus epístolas en prisión

Pablo le transfiere la batuta a Timoteo

Timoteo defiende sus creencias

Llegar a ser parte de la nueva comunidad llamada la iglesia

Discusión a partir del DVD

1. Randy narró un extraordinario relato corto sobre un escultor que para esculpir un león cincelaba de la piedra todo lo que no se vía como tal. ¿Qué área de tu vida está cincelando Dios y de qué forma te llama a unirte a él en este proyecto de escultura?

> *Nuestra oración debe ser que Dios cincele de nuestra vida todo aquello que no se asemeje a Cristo.*

2. Cuando el apóstol Pablo se acercaba al final de su vida, expresó algunas ideas en cuanto a la forma en que había vivido: cómo había servido a Dios con humildad, proclamado fielmente la fe llamando a judíos y gentiles al arrepentimiento, y enfrentado con valentía la cárcel y otras penurias. En tanto consideras a qué vas a dedicar el resto de tu vida, nombra algo que realmente quieras hacer por Jesús y un paso que puedas dar para acercarte a este objetivo.

3. Mientras Pablo se encontraba bajo arresto domiciliario en Roma, les escribió una carta (una epístola) a los creyentes en Éfeso. En ella, él eleva una hermosa y poderosa plegaria (Efesios 1:16-23; *La Historia*, p. **403**). ¿Cuáles son algunos de los elementos de esta súplica y qué podemos aprender acerca de la oración basándonos en el ejemplo de Pablo?

4. ¿Qué imágenes del tipo «antes de Jesús» y «después de Jesús» perfiló Pablo para los creyentes en Éfeso? (Efesios 2; *La Historia*, pp. **403-404**).

Comenta sobre un contraste significativo que la gente notaría si pudiera observar un vídeo de vigilancia de veinticuatro horas de la vida que llevabas antes de que confiaras en Jesús comparado con las acciones de la persona que eres hoy en día.

5. Dios se preocupa en gran medida por la unidad entre todos los cristianos. El apóstol Pablo dio varios ejemplos de nuestro llamado a la unidad (Efesios 4:4-6; *La Historia*, pp. **404-405**). ¿Cuáles son y cómo puede nuestra propia unidad en cada uno de estos aspectos fortalecer a la iglesia y transformarse en un testimonio ante el mundo?

> *Tenemos que crecer. Tenemos que asemejarnos cada día más a Cristo. Conforme lo hagamos, otros serán capaces de ver a Cristo en nosotros y a través de nuestra vida, y entonces podrán decidirse a seguirlo también. No hay un llamado más grande que ese.*

6. La fe dentro de la familia es otra de las grandes preocupaciones de Dios. ¿Cuál es una de las lecciones que recibes de las enseñanzas de Pablo sobre la importancia de una fe auténtica en el hogar? (Efesios 5:21—6:4; *La Historia*, p. **405**).

7. Más allá de nuestro entorno familiar, tenemos una familia todavía más numerosa en la fe. De la misma forma en la que Pablo fue un padre espiritual para Timoteo, nosotros podemos establecer relaciones análogas dentro de la familia de Dios. Comenta sobre alguna persona que constituya un padre espiritual para ti y cómo Dios la utiliza para moldear tu fe. A continuación, menciona a alguien que Dios haya permitido que se convierta en tu hijo espiritual y explica de qué forma estás procurando ayudarlo a crecer en su madurez en Cristo.

8. Pablo celebró el hecho de que Timoteo hubiera conocido las Escrituras desde sus años juveniles debido al rico patrimonio espiritual de fe de su familia terrenal. ¿Cómo podemos hacer de nuestros hogares centros de crecimiento y salud espiritual? (Quizá podrías hacer uso de *La Historia* como recurso para la lectura familiar).

9. Lee las Secciones 1-5 de *La Historia* (pp. **8-9** de esta guía del alumno). Todo comienza en un jardín y todo termina en un perfecto paraíso. ¿Qué nos enseña esto sobre el deseo de Dios de mantener una relación con nosotros?

Oración de clausura

Considera algunas de las siguientes ideas como punto de partida durante el tiempo de oración:

- Agradécele a Dios por los padres espirituales que ha puesto en tu vida.

- Pide que el Espíritu Santo te use en la vida de los hijos espirituales que te ha dado.

- Ríndele tu corazón y tu vida a Dios e invítalo a que cincele todo aquello que requiera ser removido de tu vida a fin de que puedas llegar a ser cada vez más como Jesús.

Entre sesiones

Reflexiones personales

En su segunda carta a Timoteo, el apóstol Pablo hace uso de tres imágenes —el soldado, el atleta y el labrador— para darnos una idea de la forma en que debemos vivir como creyentes (2 Timoteo 2:1-7; *La Historia*, pp. **406-407**). Durante la próxima semana, dedica un tiempo a leer acerca de estos ejemplos y reflexionar sobre lo que podrías aprender de ellos.

Acción personal

Si hay una persona en tu vida a la que consideras tu padre espiritual, escríbele una carta o hazle una llamada para expresarle cuánto significa para ti y lo mucho que ha sido utilizada por Dios para ayudarte a caminar con Jesús. Por otra parte, si hay alguna persona a la que Dios te ha llamado a influenciar como padre espiritual, dedica un tiempo durante las semanas siguientes a comunicarte con esta persona, continuar influenciando su vida, animarla y ser parte del proceso de cincelado que Dios realiza en ella a fin de eliminar todo aquello que no se asemeje a Jesús.

Lectura para la próxima sesión

Dedica un tiempo antes de la próxima reunión con tu grupo para leer el capítulo 31 de *La Historia*.

El final de los tiempos

¡Dios ha triunfado!
Y si estamos de su lado,
nosotros hemos triunfado también.

Introducción

Durante muchos años el popular presentador radial estadounidense Paul Harvey se dedicó a narrar historias sobre situaciones y personas de la vida real. Con su voz melodiosa, ideal para la radio, Harvey contaba cada relato con grandes detalle. Todas sus historias concluían con un giro sorpresivo que siempre iba seguido de la frase que llegó a constituir su sello emblemático: «¡Y ahora usted conoce el resto de la historia!».

Había algo muy gratificante en el hecho de obtener una perspectiva renovada que contribuía a reunificar las piezas de una historia que uno creía conocer de antemano.

Esto mismo ocurre al leer el capítulo 31 de *La Historia*, el libro de Apocalipsis, el cual nos proporciona una idea de cómo finaliza la historia de Dios... y cómo se inicia la eternidad. Con bellas representaciones de Jesús, claras enseñanzas para la iglesia y vívidos retratos hablados sobre el final de los tiempos, Juan registró todo lo que vio y oyó durante aquella gran visión. A medida que somos cautivados por el drama, obtenemos la recompensa de una esperanza renovada que brota al entender que el triunfo le pertenece a Dios. Somos inspirados a mantenernos firmes hasta que todo esto acontezca... y sabemos que así habrá de ser.

Cuando escuchamos con atención las palabras finales de *La Historia*, es como si oyéramos la melodiosa voz de Paul Harvey diciendo: «¡Y ahora usted conoce el resto de la historia!»

Coméntalo

Narra el final de uno de tus libros o cuentos para niños preferidos. ¿Por qué te gusta el final de esa obra literaria?

Notas didácticas del DVD

Conforme observas el segmento en vídeo de la Sesión 31, haz uso del siguiente bosquejo y registra todo aquello que se destaca según tu criterio.

La visión de Juan

No más lágrimas

«Árboles de vida»

La visión de Dios para la Historia Primaria es restaurada por completo

Discusión a partir del DVD

1. Juan pintó una imagen impresionante de Jesús (Apocalipsis 1; *La Historia*, pp. **409-410**). De acuerdo con esta descripción, ¿quién es Jesús y cuáles fueron sus logros?

2. El libro de Apocalipsis incluye algunas cartas breves escritas a siete iglesias del mundo antiguo. Qué dice la carta de Jesús a la iglesia en Éfeso con respecto a:

   • Lo que estaba haciéndose bien

   • Lo que demandaba madurez o un cambio

   • Las acciones que era necesario llevar a cabo

   ¿De qué maneras específicas podemos asegurar que Jesús continúe siendo el primer amor tanto en nuestra vida como en la de la iglesia local?

3. En su carta a la iglesia de Laodicea (Apocalipsis 3:14-21; *La Historia*, pp. **411-412**), Jesús le comunica a los creyentes que no desea que ellos sean «tibios». ¿De qué manera se evidencia que una iglesia se ha tornado «tibia» y qué podemos hacer para asegurarnos de que nuestra iglesia permanezca ardiente para Dios?

4. Durante su visión, Juan recibió atisbos de la adoración celestial (Apocalipsis 4—5; *La Historia*, pp. **412-414**). ¿Qué enseñanzas recibes de estas escenas en lo que concierne a la adoración y cómo pueden moldear la forma en que alabamos a nuestro Dios?

5. Es una realidad preocupante y seria que todas las personas pasarán la eternidad en el cielo o el infierno. ¿De qué forma el libro de Apocalipsis contribuye a afirmar esta realidad y cómo debería esto impulsarnos a compartir el mensaje y el amor de Jesús con toda la gente a nuestro alrededor?

6. Juan nos ofrece una perspectiva de lo que será el cielo (Apocalipsis 21:1—22:5; *La Historia*, pp. **416-417**). ¿Cuál elemento particular de esta visión te lleva a entusiasmarte con la idea de pasar la eternidad en ese lugar glorioso?

> *Apocalipsis, el último libro de la Biblia, ha suscitado grandes esperanzas en los creyentes a lo largo de los siglos. Sus palabras nos brindan ánimo para seguir adelante en los tiempos más oscuros. Independientemente de lo difícil que pueda resultar la vida en determinados momentos, sabemos que por medio del sacrificio de Cristo contamos con ese maravilloso lugar y depositamos nuestra esperanza en él.*

7. En este segmento del DVD, Randy expresa que la esperanza del cielo toca su corazón porque sabe que verá de nuevo a su madre y juntos podrán adorar a Jesús. Nombra a alguna persona amada que ahora mismo esté con Jesús. ¿De qué manera la esperanza de poder volver a verla hace del cielo algo todavía más maravilloso?

8. El final de *La Historia* es este: Dios estará de nuevo con su pueblo. Ese ha sido su propósito desde el primer capítulo hasta el último. Esta vida en realidad es un tiempo de práctica para el cielo. ¿Qué puedes hacer en tu diario vivir para permanecer cerca de Dios y mantener una estrecha amistad con él?

9. Lee la Sección 5 de *La Historia* (p. **9** de esta guía del alumno). ¿De qué forma la realidad y la esperanza del cielo te inspiran a dar a conocer la historia de Dios y la tuya propia?

> *La Historia llega a su final, pero en realidad este es el principio.*

Oración de clausura

Considera algunas de las siguientes ideas como punto de partida durante el tiempo de oración:

- Celebra la gloria y la majestad de Jesús, el Primero y el Último, el Alfa y la Omega, el Cordero de Dios inmolado desde antes de la fundación del mundo.

- Agradécele a Dios por conocer el resto de la historia y la seguridad de que él es el triunfador.

- Ora por fortaleza para permanecer firme en la fe hasta que el final de la historia sea alcanzado.

En los días por venir

Reflexiones personales

Piensa en tu viaje a través de *La Historia* y reflexiona en todo lo que has aprendido. Es posible que desees repasar las anotaciones que hayas hecho en esta guía del alumno o tu copia de *La Historia*. ¡Agradécele a Dios una y otra vez por su amorosa persistencia con nosotros los seres humanos!

Acción personal

Localiza a un pequeño grupo de creyentes (o no creyentes) que no conozcan muy bien la gran historia de fondo en la secuencia bíblica y ofrécete a guiarlos a través del estudio de *La Historia*. Así como has aprendido a ver el gran panorama de la actividad y el amor de Dios en la historia humana, comparte con otros el mismo regalo.